MÉMOIRES D'UNE COQUET...

LE ROI DE LA BAZOCHE
PAR PIERRE ZACCO...

Sous Presse

La Femme comme il faut, par Bal...
Fleurette, par Méry ;
Héloïse et Abeilard, par Clémence Robert ;
La Haine dans le Mariage, par Paul Féval ;
Le Chevalier de Mailly, par Molé-Gentilhomme ;
La Reine de Saba, par Emmanuel Gonzalès ;
La Haine d'une Morte, par Amédée Achard ;
Les Actrices de Paris, par H. de Kock ;
Un Roman, par Élie Berthet ;
L'Homme du Monde, par Frédéric de Sézanne ;
L'Amoureux de la Reine, par Jules de Saint-Félix ;
Marquis et Marquise, par Eugène de Mirecourt ;
Un Roman, par Ancelot ;
Le Benjamin, par Martial Boucheron.
Notre-Dame de Rouen, par Octave Feré.

HISTOIRE
DU ROI DE ROME
(DUC DE REICHSTADT),

Précédée d'un coup d'œil rétrospectif sur la Révolution, le Consulat et l'Empire

PAR J.-M. CHOPIN,

AUTEUR DE L'HISTOIRE DES RÉVOLUTIONS DES PEUPLES DU NORD, ETC., ETC.,

OUVRAGE ILLUSTRÉ DE 15 BELLES GRAVURES SUR ACIER.

Dessinées par MM. Philippoteaux, Jules David, Schopin, Baron, Staal.

CONDITIONS DE LA SOUSCRIPTION

L'Histoire du Roi de Rome, illustrée, forme 50 livraisons.
Le prix de la livraison est de 30 cent. pour Paris et 40 cent. pour la province
L'ouvrage est complet.

PARIS — IMPRIMERIE SIMON RAÇON ET Cⁱᵉ, RUE D'ERFURTH, 1.

LA CIRCÉ
DE PARIS

PAR

MÉRY

(PUBLIÉ PAR GABRIEL ROUX)

II

PARIS
ARNAULD DE VRESSE, ÉDITEUR
7, quai des Grands-Augustins.
—
1856

LA CIRCÉ DE PARIS

NOUVEAUTÉS EN VENTE

MÉMOIRES DE NINON DE LENCLOS

PAR EUGÈNE DE MIRECOURT

BALZAC.

Le Provincial à Paris	2 vol.
La Femme de soixante ans	3 vol.
La Lune de miel	2 vol.
Petites Misères de la vie conjugale	3 vol.
Modeste Mignon	4 vol.

CLÉMENCE ROBERT.

Le Confesseur de la Reine	3 vol.
Les Mendiants de Paris	5 vol.
Le Tribunal secret	4 vol.
Le Pauvre Diable	2 vol.
Le Roi	2 vol.
William Shakspeare	2 vol.
Mandrin	4 vol.
Le Marquis de Pombal	1 vol.
La Duchesse d'York	1 vol.
Les Tombeaux de Saint-Denis	2 vol.
La Duchesse de Chevreuse	2 vol.

EMMANUEL GONZALÈS.

Mémoires d'un Ange	4 vol.
Les Frères de la Côte	2 vol.
Le Livre d'Amour	2 vol.

HENRY DE KOCK.

La Course aux Amours	3 vol.
Lorettes et Gentilshommes	3 vol.
Le Roi des Étudiants	2 vol.
La Reine des Grisettes	2 vol.
Les Amants de ma Maîtresse	2 vol.
Berthe l'Amoureuse	2 vol.

ÉLIE BERTHET.

Le Nid de Cigogne	3 vol.
Le Braconnier	2 vol.
La Mine d'or	2 vol.
Richard le Fauconnier	2 vol.
Le Pacte de Famine	2 vol.

ROLAND BAUCHERY.

Les Bohémiens de Paris	2 vol.
La Femme de l'Ouvrier	2 vol.

Mme CHARLES REYBAUD.

Thérésa	2 vol.

PIERRE ZACCONE.

Les Plaisirs du Roi	2 vol.
Les Mystères du vieux Paris	3 vol.
Le Dernier Rendez-Vous	2 vol.

MÉRY.

Une Histoire de Famille	2 vol.
Le Transporté	2 vol.
Un Mariage de Paris	2 vol.
La Veuve inconsolable	2 vol.
Une Conspiration au Louvre	2 vol.
La Floride	2 vol.

PAUL FÉVAL.

La Femme du Banquier	4 vol.
Le Mendiant noir	3 vol.
La Haine dans le Mariage	2 vol.

MOLÉ-GENTILHOMME.

Les Demoiselles de Nesle	3 vol.
Le Château de Saint-James	4 vol.
Marie d'Anjou	2 vol.
La Marquise d'Alpujar	1 vol.
Le Rêve d'une Mariée	2 vol.

AMÉDÉE ACHARD.

Roche-Blanche	2 vol.
Belle Rose	3 vol.
La Chasse royale	4 vol.

MICHEL MASSON.

Les Enfants de l'Atelier	4 vol.
Le Capitaine des trois Couronnes	4 vol.
Les Incendiaires	4 vol.

SAINTINE.

La Vierge de Fribourg	1 vol.

LÉON GOZLAN.

La Dernière Sœur grise	1 vol.

P.-L. JACOB.

Mémoires de Roquelaure	7 vol.

ROGER DE BEAUVOIR.

L'Abbé de Choisy	3 vol.
Mémoires de Mlle Mars	2 vol.

EUGÈNE DE MIRECOURT.

Madame de Tencin	2 vol.
La Famille d'Arthenay	2 vol.

SAINT-MAURICE.

L'Élève de Saint-Cyr	2 vol.

PARIS. — IMPRIMERIE SIMON RAÇON ET Cie, RUE D'ERFURTH, 1.

LA CIRCÉ
DE PARIS

PAR

MÉRY

(PUBLIÉ PAR GABRIEL ROUX).

II

PARIS
ARNAULD DE VRESSE, ÉDITEUR
7, quai des Grands-Augustins.
—
1856

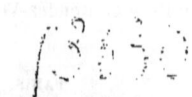

Clichy.

I.

Ayant pris congé de Salvien, je remontai précipitamment la côte escarpée de la prison de Clichy, ce purgatoire de la dette. Il est fort difficile de pénétrer dans cette enceinte quand on n'est pas escorté d'un garde du commerce et d'un dossier de papier timbré. J'échangeai avec les gardiens une infinité de phrases inutiles avant de franchir la première cour. Enfin je fus introduit dans les bureaux de l'administration, et là je trouvai une idée.

— Vous avez ici, dis-je à un employé, un père de famille emprisonné pour une dette fort minime?

— Son nom? demanda l'employé.

— Son nom est sur vos registres, répondis-je, et je veux être censé l'ignorer; sa dette est de cinq cents francs environ ; je viens pour l'acquitter ici.

— Ce doit être Pierre Cavallot, dit une voix.

— Précisément, c'est le nom de ce pauvre diable, répondis-je avec assurance, et permettez-moi d'aller lui annoncer cette bonne nouvelle.

Et en même temps, je déposai sur le bureau un billet de cinq cents francs.

— Il y a les frais en sus, dit une autre voix avec un accent administratif.

— Je paie les frais, cela va sans dire.

— Ce pauvre porteur d'eau sera bien content, remarqua un employé.

— Avez-vous beaucoup de porteurs d'eau détenus pour dettes? demandai-je.

— Onze, répondirent trois voix.

Onze porteurs d'eau en prison pour dettes, dans la ville de Paris! Vraiment nous ne nous serions jamais doutés de cela, cher Albert, lorsque nous passions nos journées à soupirer auprès de madame de Simian.

Un employé me conduisit au jardin de la

prison, pour me montrer Pierre Cavallot dans cette foule d'ombres errantes et endettées, qui ressemblent aux fantômes du Styx, en attendant comme elles l'obole qui doit payer leur délivrance.

Mon subterfuge, changé par hasard en bonne action, me servit admirablement. Du premier coup d'œil, j'aperçus la femme de la rue Saint-Lazare, assise dans une pose triste, à côté d'un prisonnier dont la figure paraissait dévastée par la douleur. Au même moment, on me présenta Pierre Cavallot suivi de sa famille.

Ils savaient déjà tout, et ils me regardaient

avec une stupéfaction religieuse, comme ils auraient examiné un ange du ciel habillé au dernier goût de la mode de Paris.

Je les arrêtai au moment où ils allaient se jeter à mes pieds, et après avoir réglé leurs petites affaires avec un léger supplément de libéralité, je fis quelques demandes insignifiantes à mon guide pour arriver adroitement au but essentiel de ma visite à la prison.

Le porteur d'eau et sa famille se retirèrent en versant des larmes de joie qui attendrirent même l'employé, ce qui me prouva que de pareilles actions étaient un épisode phénoménal à Clichy : je n'ose me vanter de la mienne ; elle avait été produite par le hasard et la curiosité.

— Ah ! celui-là, me dit l'employé, est un prisonnier fort intéressant. C'est un marchand ébéniste du faubourg Saint-Antoine. Sa sœur vient le voir tous les jours.

— Cette femme est sa sœur ? dis-je avec un ton marqué d'indifférence ; elle paraît accablée par le chagrin.

— Il y a de quoi, dit l'employé. D'abord, le prisonnier est attaqué d'une maladie grave : c'est homme habitué à l'exercice, au travail ; et il lui faut l'activité. Il est détenu pour une très-forte somme, quinze à vingt mille francs, je crois. Sa sœur lui est extrêmement attachée ; mais malheureusement, elle ne peut rien faire pour lui, et elle le voit périr de langueur ici, sans pouvoir lui porter secours.

— Savez-vous le nom de cette pauvre femme? demandai-je toujours d'un ton ennuyé.

— Il y a quinze mois qu'elle vient ici, monsieur ; c'est une de nos plus anciennes visiteuses, madame Lautier ; elle est veuve, le malheur l'a beaucoup vieillie ; on lui donnerait cinquante ans.

— Écoutez, monsieur, dis-je à mon guide, parlons avec discrétion et mystère, comme s'il s'agissait de faire mal. Vous qui connaissez le personnel de la maison, choisissez-moi trois ou quatre détenus, pères de famille, et avant de partir pour un long voyage, je vous ferai quelques visites, et vous me donnerez des dettes à acquitter. J'agis ainsi par égoïsme ; j'espère qu'en voyage cela me portera bonheur. Il faut bien faire quelque chose pour soi.

Et je sortis de la prison de Clichy, après avoir donné un dernier regard à la malheureuse femme de la rue Saint-Lazare.

J'avais trouvé un excellent prétexte pour

visiter chaque jour les détenus de Clichy.

Quelle étrange et absurde prison! Il y a dans ce coin opulent et animé de Paris, un palais immense et un jardin magnifique, que l'État pourrait vendre aujourd'hui six millions, et qui servent à incarcérer quelques milliers de francs de dettes, pour rendre service à tant d'usuriers de Paris!

A ma dernière visite, l'autre jour, je sortis avec tous les visiteurs, et rencontrant, comme par hasard, sur le seuil de la porte, madame Lautier qui n'osait se hasarder dans la rue à cause de la pluie :

— Madame, lui dis-je, nous sommes, vous et moi, des habitués de Clichy ; veuillez bien accepter une place dans ma voiture. Tous les fiacres sont absents ; c'est l'usage quand il pleut.

La pauvre femme, prise au dépourvu par cette politesse, n'osa ni refuser ni accepter ; elle fit un sourire triste et monta.

Mon domestique se découvrit, et lui demanda son adresse :

— Rue Beauregard, numéro ..., répondit-elle avec la plus timide des voix.

Il m'en coûtait beaucoup d'entrer ainsi par

stratagème dans un secret de famille, mais j'étais rassuré par mon intention.

— Madame, lui dis-je, vous remplissez tous les jours un pieux devoir avec une exactitude qui vous honore. Cela doit trouver sa récompense quelque jour.

— Oui, monsieur, dit-elle, quelque jour; mais ce ne sera pas en ce monde.

— La récompense n'en vaudra que mieux, madame, lui dis-je; mais j'espère bien...

— Oh ! monsieur, interrompit-elle, n'espérez rien... rien... aujourd'hui surtout...

Et elle fondit en larmes, sans pouvoir continuer sa phrase.

Je voulus hasarder quelques mots de consolation; elle me fit signe que rien ne pouvait la consoler.

Arrivés sur le boulevart Bonne-Nouvelle, je hasardai quelques mots naturellement amenés.

— Madame, lui dis-je, avant de prendre congé de vous, permettez-moi de mettre ma voiture à votre disposition, pour vos visites à Clichy.

— Oh ! monsieur, me répondit-elle avec

une voix de sépulcre, mes visites à Clichy finiront demain.

Je fis un mouvement de joie; elle y répondit par un sourire baigné de larmes, un sourire inventé dans l'enfer.

La voiture s'arrêta devant le numéro indiqué rue Beauregard. Je descendis, je donnai la main à madame Lautier, et la voyant tomber en faiblesse, je la soutins dans le vestibule au moment où le portier lui dit, en lui remettant une lettre : *On est venu de la rue Saint-Lazare.*

Elle ouvrit cette lettre, presque sous mes

yeux; il n'y avait que deux lignes, perdues, sans signature, dans le blanc du papier.

Cette forme épistolaire n'est consacrée qu'aux rendez-vous de haine ou d'amour. La malheureuse femme froissa convulsivement le papier dans ses doigts, sa figure se couvrit d'une affreuse pâleur, et elle me dit avec un rire fou :

— Dans trois jours, mon frère sortira de prison.

— Madame, lui dis-je, vous m'annoncez cette excellente nouvelle avec un accent de désespoir que je ne m'explique pas.

— Permettez-moi de vous remercier, me dit-elle, et de monter chez moi... vous en avez trop vu, et j'en ai trop dit.

Et comme je fis un mouvement avec mon bras pour lui offrir de l'accompagner jusqu'à la porte de son appartement, elle me repoussa vivement avec sa main, me salua, et disparut dans la spirale ténébreuse de son escalier.

Daniel de Gestain, en finissant son récit, en trois tours de promenade dans le jardin des Tuileries, s'arrêta devant la statue de Daphné, s'appuya contre le piédestal, et croisant ses bras sur sa poitrine, il fit du regard et du maintien cette interrogation muette : Eh bien ! que penses-tu de cette histoire ?

— Cela me paraît bien mystérieux, dit Albert.

— Je t'affirme encore, cher Albert, dit Daniel, qu'à Paris les romans courent les rues. Je suis abonné à trois journaux ; je connaîtrais bien d'autres histoires si j'étais abonné à trois rues...

— Et pourquoi, demanda vivement Albert, n'avez-vous pas continué de poursuivre ce roman de rue jusqu'à son dernier chapitre ?

— Tu as perdu la mémoire, Albert !

— Cela ne m'étonnerait pas ; j'ai tout perdu, mon cher Daniel.

— Je t'ai dit qu'en apprenant la nouvelle du mariage de madame de Simian, avant-hier, j'ai pris un dégoût mortel de toutes les choses de ce monde, même une bonne action.

— Il faut pourtant convenir que l'étrange et fallacieux congé que nous a donné la marquise, a eu quelques bons résultats, cher Daniel...

— Ah ! c'est juste, Albert ; j'ai mis en liberté trois prisonniers de Clichy. C'est une consolation légère pour moi...

— Mais c'est un grand bonheur pour trois familles, Daniel...

— Oui, Albert; il vaut peut-être encore mieux sauver trois pères de famille que tuer trois Musulmans dans une croisade...

— Oh! je reconnais qu'en principe la belle marquise a raison, avec ses théories nouvelles; mais elle a perdu sa cause, en épousant le futur député... Notre amour-propre, d'aillleurs, est insulté dans toutes ses fibres; puisqu'elle voulait prendre un mari, elle devait épouser le vicomte de Saint-Marc ou le comte de Gestain; toi ou moi, nous nous serions pardonné mutuellement notre bonheur. C'était convenu entre nous, au fond de l'âme... Non, la perfide veuve nous a étouffés tous deux dans l'urne électorale de M. Mozeman !

— Oui, Daniel, je suis découragé comme vous ; mais dans la position de désœuvré où nous sommes, la curiosité a conservé ses droits, et je serais bien aise, pour ma part, de connaître la fin de l'histoire de Clichy.

— Eh bien ! nous la connaissons. Le prisonnier doit sortir demain.

— Et comment sortira-t-il, Daniel? Sans doute en payant ses dettes par quelque moyen honteux, par un crime peut-être, puisque cette délivrance, qui devrait faire la joie de sa sœur, la plonge au contraire dans le désespoir.

— Albert, dit Daniel, je vois que tu veux me remettre par la curiosité sur le chemin d'une bonne œuvre ; cela me coûtera vingt mille francs ; veux-tu prendre des actions pour la moitié de cette somme ?

— Accepté, mon cher comte.

— C'est bien, nous voilà associés. Prenons une voiture de remise rue du Mont-Thabor, et allons rue Beauregard. Je ferai tout naturellement une visite à madame Lautier, et je m'inspirerai de la circonstance quand il faudra dépenser notre capital d'association.

Hermance.

II.

Une heure après cet entretien, Daniel de Gestain se présentait à la porte de madame Lautier, rue Beauregard.

Cette malheureuse femme ouvrit la porte, et sa tête tomba sur sa poitrine comme si ses pieds se fussent dérobés sous son corps; Daniel entendit confusément ces mots :

— Vous arrivez une heure trop tôt, monsieur... Laissez-moi sortir.

Elle fit un effort suprême, franchit le seuil de la porte, et la referma vivement.

Rien ne saurait dépeindre la stupéfaction de Daniel lorsqu'il se trouva enfermé dans une petite antichambre fort obscure, qui servait de corridor à l'appartement.

— Cette femme est folle, se dit-il, voilà tout le secret de son désespoir.

Et il cherchait à tâtons dans l'obscurité, la hauteur de la serrure pour sortir, lorsqu'il entendit distinctement une exclamation lamentable dans la pièce voisine.

Daniel s'avança hardiment, ouvrit la porte d'un salon et aperçut une jeune fille assise à l'angle d'une cheminée, dans une attitude de désespoir.

Son visage était voilé par de larges boucles de cheveux blonds, trempés de larmes, et la blancheur de ses épaules avait cette animation fébrile qui annonce les angoisses de l'esprit et les vives souffrances du corps.

Le jeune comte de Gestain n'osait faire un pas et hasarder une parole devant ce tableau de désolation, et il s'étonnait que le bruit de la porte ouverte n'eût pas excité au moins un mouvement involontaire chez la jeune fille.

Daniel regardait autour de lui, demandait au ciel une idée, attendait une bonne inspiration.

Rien ne déterminait le moindre changement dans cette scène.

Le salon continuait à s'attrister d'un sombre silence, entrecoupé de sanglots.

— Attendons ici le retour de madame Lautier, se dit Daniel.

Et ménageant le bruit de ses pas, il entra dans un cabinet contigu au salon, et s'assit, pour respecter encore mieux la douleur de la jeune fille, en attendant d'en connaître la cause et d'offrir un remède ou une consolation.

Une heure écoulée, Daniel entendit un grincement de clé conduit avec attention, à la serrure de la première porte, et un bruit de pas qui voulaient se faire légers dans le corridor ; de la position qu'il avait prise au fond du cabinet, il vit s'encadrer dans un miroir du salon, une figure humaine qu'il reconnut du premier coup.

C'était l'ex-fournisseur Salvien N..., de la rue Saint-Lazare.

Il déposa sur la cheminée une clé et une liasse de papiers jaunâtres, et avec une voix chevrotante d'émotion, il dit, en effleurant de ses lèvres les cheveux de la jeune fille :

— Vous voyez, mademoiselle Hermance, que je suis exact, et que ma parole est un contrat. Je vous apporte la liberté de votre oncle. Elle est là... là, regardez.... il faut que je vous aime bien, Hermance, pour faire un aussi grand sacrifice... Tu m'aimeras bien un peu, toi aussi, de ton côté.

Un frissonnement nerveux courut sur tout le corps de la jeune fille, et sa tête faillit se briser sur l'angle de la cheminée dans une irritation de désespoir.

— Hermance, poursuivit Salvien, je ne suis pas venu ici pour te voir pleurer... sais-tu bien que tu me fais un vilain accueil et que tu oublies tes promesses.

— Je ne vous ai rien promis, monsieur, dit la jeune fille avec une voix qui semblait sortir de la tombe.

— Tu ne m'as rien promis à moi, ma belle Hermance, mais tu as promis à ta tante, c'est la même chose... Il y a un mois que nous sommes en négociation, dans l'intérêt de ton bonheur... Je ne t'apprends rien de nouveau... Tu as lu mon dernier billet... sois sage, Hermance, entends-tu...

La jeune fille releva enfin sa tête, écarta ses cheveux et se révéla aux regards de Daniel dans tout l'éclat de sa merveilleuse beauté.

— Monsieur, dit-elle, si vous êtes un honnête homme, vous ferez une bonne action ; vous sauverez la vie à mon oncle, et vous ne demanderez rien à sa nièce que son amitié. C'était pour vous dire cela que j'ai consenti à recevoir votre visite.

— Hermance, Hermance, dit Salvien, tu as fait cette réflexion trop tard... ta tante m'a donné la clé de ton appartement; ses lettres m'autorisent à tout chez elle... Hermance, tu es à moi, malgré toi !

Salvien, ivre de passion, saisit la main de la jeune fille, et au même instant le comte Daniel entra dans le salon avec un calme superbe et des regards formés d'éclairs...

La stupéfaction qui bouleversa la cynique figure de Salvien ne sera jamais exprimée par la froide peinture des mots.

La jeune fille, croyant d'abord voir dans le nouveau venu un criminel auxiliaire de Salvien, poussa un cri d'effroi, mais elle fut subitement rassurée par la scène qui éclata.

— Un guet-apens ! s'écria Salvien.

— Oui, un guet-apens, dit Daniel ; c'est la Providence qui te l'a dressé ; je me suis fait son complice.

— Monsieur le comte, dit Salvien, ne justifiez pas une action infâme...

— Oh! ne craignez rien, interrompit Daniel, je ne suis pas ici pour être votre avocat, mais votre juge. Vous avez eu soin, en commettant le crime, de supprimer d'avance la justification. Cela met à l'aise le tribunal...

Monsieur Salvien, quittez vos airs menaçants, croyez-moi; vous êtes en mon pouvoir, il faut vous résigner sans bruit à ma sentence, ou je livre votre nom et votre crime à l'éclat et au châtiment de la publicité.

— Qui donc vous a donné le droit d'intervenir dans ma vie privée, monsieur? dit Salvien d'un ton radouci.

— Superbe question! dit Daniel en riant;

je rencontre un homme qui commet un crime sous mes yeux, et cet homme me conteste le droit de porter secours à sa victime. On voit, monsieur, que la puissance de la richesse habitue à l'impunité. Cette fois, monsieur, toute votre fortune ne vous sauvera pas.

— Bien ! voyons, monsieur le comte, — dit Salvien en croisant les bras.

Que prétendez-vous faire? Je serais fort aise de le savoir.

— Je ne sortirai pas de mes modestes attributions, monsieur Salvien, — répondit Daniel avec un sang-froid ironique et une parole incisive et ferme, — chacun agit comme il peut dans sa sphère : je ne suis pas une cour d'assises ou un ministère public; mais j'ai devant vous une force de position spéciale dont j'userai, à moins que vous ne me forciez à en abuser...

A ces mots, un violent coup de sonnette retentit dans l'appartement, et Salvien tressaillit comme si la foudre eût éclaté dans le salon.

Daniel fit un pas vers la porte.

Salvien fit un pas, en lui disant :

— J'espère, monsieur, que vous n'allez pas introduire ici de nouveaux témoins...

La sonnette retentit une seconde fois.

Hermance.

(SUITE).

III.

— Monsieur, dit Daniel, si je n'ouvre pas on enfonce la porte; c'est un ami qui m'attend depuis deux heures dans la rue, et qui vient probablement s'éclairer sur mon sort.

Et il marcha d'un pas résolu vers la porte de l'escalier, et l'ouvrit.

C'était, en effet, le vicomte Albert de Saint-Marc, qui entra de l'air d'un ami qui a conçu des craintes sérieuses, et qui veut se rassurer.

— Albert, — dit Daniel avec un ton charmant et naturel, — excuse-moi si je t'ai oublié trop longtemps dans la rue Beauregard. Cela m'était permis : tu vas voir. Nous étions ici avec monsieur, en train de faire quelques bonnes œuvres, et tu arrives à propos pour t'y associer... prends sur cette cheminée cette grappe de chiffons et compte-les... Il doit y avoir vingt mille francs...

— Le compte est juste, — dit Albert en ouvrant des yeux ébahis et remplis de points d'interrogation.

— Prends cette somme, poursuivit Daniel, remonte en voiture et brûle le pavé jusqu'au n° 17 de la rue du Nord. Là demeure un honnête homme, qui n'a reçu du ciel qu'une vertu, celle de payer ses lettres de change à l'échéance, et qui est fort intolérant contre ses débiteurs, s'ils ne sont pas doués de la même vertu. Son nom est Ambroise... Les huissiers et les gardes du commerce le regardent comme un Dieu... Cet homme, né pour savourer les délices de la persécution, s'est trompé d'époque; il lui aurait convenu d'être Procuste,

Hiéron ou Phalaris ; la mansuétude des lois françaises l'a forcé de mitiger sa vocation de tyran de Sicile et de mettre ses voluptés sur un pied bourgeois ; il incarcère des chrétiens, choisissant de préférence les pères de famille, et il s'endort tous les soirs, avec des extases de bonheur, en savourant l'idée qu'il a fait couler beaucoup de larmes sur des visages de femmes et d'enfants.

M. Ambroise W*** a une fortune de six millions, et il n'a trouvé que ce délassement pour échapper à l'ennui.

Telle est la biographie de cet incarcérateur de profession ; je l'ai recueillie à la prison de

Clichy, dont je suis un habitué libre. Ainsi, Albert, te voilà fixé sur Ambroise W***. Tu vas lui demander, billets en main, la liberté immédiate du frère de madame Lautier. La gloire de cette bonne action appartient à ce génereux M. Salvien N***; mais, par une délicatesse honorable, il veut que son bienfait cache toujours le nom du bienfaiteur. Ce secret restera enseveli entre nous... Ah! monsieur Salvien, que vous êtes heureux de pouvoir accomplir de pareils actes de vertu chrétienne, en suivant l'évangélique précepte : *Il faut que la main gauche ignore ce que donne la droite...* Albert, pars et reviens ; supprime la distance, les obstacles et le temps. Il faut que le prisonnier soit libre avant le coucher du soleil.

Albert salua profondément, et sortit avec précipitation.

— Vous voyez, dit Daniel, vous voyez, monsieur Salvien, que ma justice est douce; je vous condamne à donner ce que vous vouliez donner... Maintenant il ne nous reste plus qu'à nous excuser auprès de mademoiselle de la scène scandaleuse qui a troublé le calme de ce salon.

Daniel de Gestain s'inclina devant la jeune fille, et prenant d'autorité le bras de Salvien, il l'entraîna vers la porte de l'escalier et sortit avec lui.

Pendant toute cette scène, Hermance, abîmée dans ses réflexions, n'avait pas levé la tête, et sa figure resta couverte du voile des mains.

Aux derniers mots de Daniel, elle changea brusquement de position, et son regard, illuminé de reconnaissance, donna au jeune comte le plus expressif et le plus doux des adieux.

Descendu dans la rue, Daniel dit à Salvien :

— Nous sommes seuls maintenant, et vous pouvez me parler, monsieur, en toute confiance; excepté mon estime, demandez-moi tout et vous aurez pleine satisfaction de moi.

Salvien donna à sa face de granit rougeâtre une expression inconnue aux peintres, et, sans prononcer une parole, il descendit précipitamment vers le boulevart.

Au milieu de cette histoire qui pourra être féconde en enseignements de devoirs et de conduite, nous placerons comme épisode philosophique une réflexion digne d'être méditée.

On est surpris, en observant l'époque actuelle, de l'analogie qu'elle présente avec le siècle de la décadence romaine.

Les poëtes, ces hommes frivoles, accusés en tout temps de vivre dans les nuages, ont toujours caractérisé, avec des paroles pleines de concision et d'énergie, la société au sein de laquelle ils ont vécu, et quelques vers ont suffi pour remplacer de longues et menteuses histoires.

En lisant ces éternels axiomes de la sagesse antique, on reconnaît que les mœurs du vieux despotisme des Césars ressemblent exactement aux mœurs engendrées par le régime constitutionnel moderne.

Pétrone, en décrivant les audacieuses orgies des hommes riches de son temps, répond à ceux qui veulent invoquer l'autorité répressive des lois :

Eh ! que font les lois, là où l'argent seul règne !

Quid faciunt leges ubi sola pecunia regnat ?

Après un autre grand poëte qui avait dit que c'était *le cens qui donnait les honneurs, dat census honores,* Sénèque écrivait encore cette phrase foudroyante de vérité :

Veut-on savoir jusqu'à quel excès peuvent se

porter le libertinage et la vengeance? placez-les dans l'âme d'un homme puissant.... da posse quantùm volunt.

Ainsi, le monde est bien et dûment averti, depuis dix-huit sièles, qu'à toutes les époques où la souveraineté de l'argent a été proclamée, le nouveau riche a pu satisfaire ses plus criminelles passions, sans se préoccuper des exigences de la loi.

Le candide lecteur des gazettes judiciaires du jour, croit que tous les crimes sont découverts par les procureurs du roi, enregistrés par ordre de date, dans un greffe minutieux, et punis selon leur article du Code pénal.

C'est une noble illusion digne des âges primitifs.

Le comte Daniel de Gestain attendit chez lui son ami Albert, qui, en moins d'une heure, avec l'auxiliaire décisif de l'argent comptant, brisa les chaînes du prisonnier et le rendit à sa famille.

Cette courte, mais glorieuse campagne, ne fut célébrée par aucun bulletin ni gravée sur aucune médaille : on l'ensevelit obscurément dans les ténèbres de ce Paris, où les vertus ont comme les crimes leur pudeur et leurs secrets.

M. Mozeman.

IV.

Albert et Daniel eurent simultanément une réflexion fort naturelle; il leur était impossible, pensèrent-ils, de faire à Paris un acte de présence aussi long, sans aller rendre au moins une visite de convenance à la marquise de Simian.

Le lendemain à l'heure des anciennes réunions, nos deux amis se présentèrent chez la belle veuve, et furent reçus avec une politesse rassurante qui ressemblait à de la joie.

La première heure ayant été employée à raconter à madame de Simian les récentes aventures d'Albert et de Daniel : Messieurs, — leur dit-elle, quand elle eut tout connu, — vous voyez donc que j'étais bien inspirée, en vous arrachant à de stériles loisirs. Aujourd'hui, vous occupez votre existence ; vos jours sont pleins; vous êtes utiles à ce pauvre monde qui périra de dissolution, si les hommes intelligents, jeunes, riches et forts n'arrivent à son secours... Sans vous en douter vous avez des imitateurs. Notre ancienne société d'amis s'est disséminée; chacun d'eux marche à quelque but honorable, et les lettres que je reçois m'apprennent que les faits ne tarderont pas à suivre les bonnes intentions... Comte de Gestain, vous voyez qu'il est aisé de faire quelque chose de noble et bon, même après l'abolition des croisades. Vous n'avez qu'à traverser Paris, à pied, les rues sont pavées de bonnes œuvres; au premier pas que vous aurez fait en sortant de votre oisiveté, vous avez trouvé des malheurs de tous genres à guérir. Vraiment je suis fière d'être de moitié dans votre travail, et conservez-moi longtemps, comte de Gestain, ma part de gloire dans cette association.

Daniel de Gestain s'inclina et ne répondit que par un geste qui donnait énergiquement pleine adhésion aux paroles de madame de Simian.

— Quant à vous, vicomte de Saint-Marc, pursuivit-elle, vous avez fait un beau début; mais j'attends la fin. Ce malheureux réfractaire Vincent est encore au bagne de Toulon, et vous n'avez point de nouvelles de sa pauvre mère?

— Madame, — dit Saint-Marc avec un embarras visible, — je suis venu à Paris pour m'occuper activement de cette affaire, et...

— Et vous l'avez abandonnée, continua la marquise ; je comprends... Avez-vous été arrêté sur votre chemin par les obstacles ou par les plaisirs ?

— Ni par les uns, ni par les autres, Madame.

—Vous dites cela, vicomte de Saint-Marc, avec l'accent de Caton, déchirant ses blessures, — dit la marquiss avec un éclat de rire velouté, mais faux.

— Madame, — dit Saint-Marc avec un respect fier, — l'accent de ma réponse peut avoir apartenu au vertueux Caton ; je ne conteste pas ; mais il est sorti du fond de mon âme, comme si je l'avais trouvé pour la première fois.

— Alors, vicomte de Saint-Marc — dit la jeune femme avec un ton sérieux légèrement railleur, je m'impose le devoir de respecter un secret qui produit un pareil accent.

— Madame, — répondit Saint-Marc, dont l'irritation était à peine contenue, — tous les secrets sont respectables ; je l'ai bien prouvé en entrant ici aujourd'hui, sans faire une interrogation bien naturelle, par ce temps de mariage qui court.

— Très-bien ! vicomte de Saint-Marc, — dit la marquise, avec un sourire divin.

— Voilà où je voulais vous amener ; j'ai réussi. Je vois que vous êtes à peine arrivé à Paris, et déjà pourtant initié dans la chronique du grand monde. Vous n'avez pas perdu votre temps, monsieur de Saint-Marc, et je devine maintenant que ce ne sont ni les obstacles ni les plaisirs qui vous ont arrêté sur l'escalier du ministère de la justice ; vous avez épuisé les salons de la noblesse et de la finance, pour dresser la liste des hyménées du jour.

C'est un travail, comme un autre, et qui absorbe tous les loisirs des douairières de Paris.

— Oh! madame, — dit Saint-Marc d'un ton suppliant, — je demande grâce et merci. Vous êtes sans pitié dans vos railleries; et comme les armes dont vous vous servez sont prohibées dans mes mains, je suis obligé de me taire en ayant l'air d'avoir tort. C'est donc une lutte impossible : vous êtes trop généreuse pour la prolonger.

— Je veux la prolonger au contraire, vicomte de Saint-Marc, et même je ne prohibe aucune arme. Seulement, nous allons éclaircir franchement la brume de nos paroles, et parler comme le premier notaire venu... On vous a dit que j'allais me marier?

— Oui, madame, répondit Saint-Marc.

— Eh! bien! monsieur, il me semble que le mariage est une chose permise; dans l'Évangile, c'est un sacrement; dans le Code, c'est une loi; dans la société, c'est un devoir. Il serait assez étrange de se brouiller avec ses amis, parce qu'on a l'intention de se marier. — Qu'en dites-vous, comte de Gestain?

— Madame, — répondit Daniel, avec une nonchalance étudiée, — je suis complétement de votre avis. Il est permis à tout le monde de se marier; seulement il n'est pas défendu aux amis, et même aux ennemis, d'avoir une opinion sur le genre de mari qu'une jeune femme élève à la hauteur de sa grâce et de sa beauté.

— Comte de Gestain, dit la marquise, il paraît que votre raison est détenue pour dettes à Clichy; osez-vous soutenir pareille chose! Quoi! une femme, d'après vous, serait donc obligée de présenter son futur mari à toutes ses connaissances, de recueillir leurs voix, et d'épouser au choix de la majorité?

— Ma foi! — dit le comte, — ce serait plus

constitutionnel peut-être, surtout si le futur mari est un futur député.

Un éclat de rire délicieux courut dans le salon comme une roulade de rossignol.

Le comte et Albert gardèrent une imperturbable gravité.

M. Mozeman.

(SUITE.)

V.

— Admirable, vraiment, comte de Gestain, —dit la jeune veuve aux dernières gammes de son harmonieuse gaîté, — vous avez une plaisanterie nébuleuse qui appartient au genre sérieux le plus comique. Quoi! vous aussi, vous ne votez pas en faveur du candidat que le monde prête à mon mariage?

— Il est évident, madame, que si vous usez de votre influence pour me corrompre, je voterai pour qui bon vous semblera.

Si dans les départements de la France constitutionnelle, il y avait aux préfectures quatre-vingt-quatre Circés administratives, tous les mauvais choix électoraux seraient excusables, et l'innocence brillerait dans la corruption. Auprès de vous, madame, nous sommes obligés d'aller où vont votre pensée, votre inspiration, votre amour.

— Je ne désespère donc pas, comte de Gestain, de vous voir signer à mon contrat de mariage.

— Oui, madame, si je n'ai pas oublié mon nom ce jour-là.

A ces mots, on annonça M. Mozeman.

Les deux jeunes gens bondirent sur leurs fauteuils, et ils allaient se retirer, lorsqu'un geste doux et calme, quoique irrésistible de domination les empêcha de sortir.

M. Mozeman est un de ces hommes que la nature produit avec un luxe déplorable de fécondité ; il est grave ; il s'occupe de choses utiles ; il achète des livres sérieux, et les fait relier ; il a une tragédie reçue aux Français, en 1835 ; il est décoré comme membre du conseil général et agronome.

Il a inventé un modèle de semoir et fondé, dans son pays, le journal hebdomadaire l'*Écho de la Vérité*.

Il est estimé par ses connaissances et ses théories sur une meilleure répartition de l'impôt foncier, et il a en son portefeuille un manuscrit précieux que ses amis le pressent de publier à Besançon.

En entrant au salon de la marquise, M. Mozeman affichait sur sa figure et son maintien toute l'importance de ses titres personnels.

Il salua la jeune femme avec une immense courbe de torse, s'assit pompeusement sur le fauteuil désigné, mit son chapeau sur ses genoux et étala ses gants jaunes, ridés de plis aux premières phalanges de ses doigts d'agriculteur, qui n'avaient pas prévu les gants Jouvin.

Albert de Saint-Marc fit un geste imperceptible, et poussa une aspiration légère qui sigifiaient clairement à l'œil et à l'oreille de la marquise :

Voilà donc cet homme qui sera le mari de madame de Simian! O injustice des femmes et du sort!

Le comte de Gestain croisa ses bras sur sa poitrine et se renversa mollement sur le dossier de son fauteuil, mouvement nerveux qui servait de commentaire muet à la réflexion de son ami.

Que de choses savent dire les amoureux lorsqu'ils ne parlent pas! et que de choses les femmes savent entendre dans le silence des amoureux!

M. Mozeman, habitué par sa mère à se regarder comme un très-bel homme et sans cesse préoccupé de cette idée, prenait toutes les poses qui pouvaient le présenter sous l'aspect le plus avantageux.

L'entretien qui allait suivre, promettait d'être curieux.

Entretien philosophique.

VI.

— Eh bien ! M. Mozeman, — dit la marquise pour mettre à l'aise le nouveau visiteur et lui frayer un sillon d'entretien facile, —

— avez-vous été hier content de l'Opéra?

— Mais, madame, répondit-il avec une légèreté lourde, je vous avouerai que j'ai prêté fort peu d'attention à la pièce ; nous avons causé presque tout le temps dans notre loge, sur la dernière séance de la Chambre. Il y avait deux députés avec nous, qui ont d'ailleurs très-bien parlé sur le budget de la marine. On sait que j'ai quelques connaissances dans cette partie... mon père était intendant militaire à Brest... Ces messieurs ont voulu connaître mon opinion sur l'avenir de la marine à voiles. Je diffère fort peu de l'opinion de M. Billant... Au reste, je connaissais la pièce ; on la joue fort bien chez nous. Nous avons une première chanteuse qui est vraiment une perle, madame Saint-Elme. On voulait l'engager à l'Opéra, mais madame Stoltz a dit qu'elle se retirait si madame Saint-Elme était engagée. J'irai voir après-demain les *Huguenots*, c'est un opéra que je préfère à *Robert*.

— A cause du quatrième acte, sans doute, M. Mozeman ? dit la marquise.

— Oh! non, madame. C'est toujours le but philosophique et moral que j'envisage, dans une pièce de théâtre. *Robert* nous peint une époque d'absolutisme, d'ignorance, de féodalité, de superstition. Dans les *Huguenots*, nous voyons poindre l'aurore de la philosophie et de la controverse religieuse. *Robert* est un vieux conte de nourrice; les *Huguenots* sont un enseignement historique. Le premier de ces opéras s'adresse à l'aristocratie, le second au peuple. Je suis peuple, et j'aime mieux le second.

— Voilà une opinion fort neuve en musique, dit Saint-Marc; elle avait échappé à beaucoup de connaisseurs.

— A Paris, messieurs, — dit Mozeman avec le ton d'un profond penseur qui daigne descendre du sommet de sa réflexion, — à Paris, vous vivez au milieu de trop de fracas; vous n'avez pas un loisir à donner au recueillement; vous dévorez tout, vous n'analysez rien.

— C'est fort juste ce que dit M. Mozeman, — remarqua la marquise avec un accent équivoque.

— Je suis bien aise de revoir ces deux opéras, dit Saint-Marc, pour les étudier au point de vue de M. Mozeman.

— Tout est grave dans notre siècle, poursuivit l'économiste agronome; l'art même n'est accepté qu'à la condition qu'il aura un but sérieux.

— C'est ainsi, dit Saint-Marc; et votre judicieuse remarque peut se rattacher à toutes les questions sociales. Autrefois, par exemple;

le mariage était traité avec une légèreté de cinquième acte de comédie. On se mariait au sortir du collége et du couvent.

Aujourd'hui les jeunes gens ont compris qu'il était de leur devoir de conquérir tout d'abord une position dans la hiérarchie administrative et politique. Quel est celui qui perd son temps à nouer une intrigue langoureuse? Quel est celui qui oserait, avec des antécédents de Céladon, se présenter devant des électeurs? On s'instruit, on se pose, on s'observe, on se mûrit, et quand on a payé ses premières dettes à la société, on songe au mariage, comme au plus sérieux des établissements.

— Oui, monsieur, — dit Mozeman avec

l'étourderie des hommes graves, — vous faites
là l'histoire des hommes de la génération présente. Nous nous sommes comptés chez nous,
quatorze camarades de collège, tous contemporains ; en 1830, nous avions tous vingt-sept
à vingt-huit ans. Nous sondâmes l'avenir, et
nous nous dîmes, soyons quelque chose. Il y
a de la place pour tous au soleil de Juillet...
Le mot n'est pas de moi, il est de mon frère,
directeur des hospices civils, fonction honorifique... effectiment, monsieur, chacun de
nous a fait son petit chemin.

Nous avons mis de côté tous les enfantillages de la première jeunesse ; nous nous
sommes posés selon l'honneur du monde, et

maintenant, nous songeons presque tous à nous établir...

— Tous les quatorze? — demanda Saint-Marc avec un sérieux fort naturel.

— Mais à peu près, — poursuivit Mozeman avec un sourire modéré.

J'ai donné l'exemple, moi...

— Ah! monsieur est marié? interrompit Saint-Marc.

— Permettez-moi de finir ma phrase, — dit l'agronome du ton magistral d'un professeur qui corrige la brusquerie d'un élève, — permettez... j'ai donné l'exemple, moi, en abandonnant momentanément mes travaux, mes études, mes trois fonctions non salariées, pour m'occuper de mon avenir et de mon bonheur domestiques...

Ces derniers mots furent prononcés d'une voix émue.

Le regard de l'agronome eut un éclair de tendresse dirigé sur madame de Simian, et la marquise baissa les yeux, comme une jeune fille qui entend le mot mariage pour la première fois.

Saint-Marc ne perdit rien ou crut ne rien perdre de cet incident rapide et trop significatif, et la consternation entra dans son cœur.

Les deux amis se levèrent pour prendre congé de madame de Simian.

La marquise sonna : aucun domestique ne parut.

— Il faut donc que j'accompagne ces messieurs jusqu'à la porte du jardin, dit-elle à M. Mozeman, et elle sortit du salon.

M. Mozeman salua froidement Daniel et Albert, et regarda les tableaux.

Sur le seuil de la porte du jardin, la marquise prit un air sévère et dit à Saint-Marc :

— Il m'est fort pénible, monsieur, de vous rappeler à des devoirs de bonne compagnie. J'ai bien souffert dans cette visite. Il y a chez moi un étranger, un homme respectable, un parent, qui mérite les plus grands égards à cause de sa position sociale, et vous l'avez traité du haut de votre raillerie, avec un sans-gêne que je dois blâmer énergiquement. Je vous prie, monsieur, de ne plus vous exposer à rencontrer M. Mozeman chez moi.

Et sans attendre réponse ou justification, elle salua et rentra dans son jardin.

— Eh bien! mon pauvre Albert, — dit Daniel après avoir fait silencieusement quelques pas sur le bord de la rivière, à côté de son ami foudroyé.

Eh bien! que dis-tu de la grotte du Sphinx ou de l'autre de Circé? As-tu compris quelque chose à ce logogriphe en action?

— C'est à rendre fou, mon cher Daniel... mais, vraiment, dans la partie que nous jouons avec les femmes, les chances ne sont pas égales. Elles nous écrasent à chaque instant avec la parole, avec le silence, avec le geste, et il n'est jamais en notre pouvoir d'homme d'effleurer leur sensibilité d'airain. Nous sommes toujours esclaves, elles sont toujours reines ; nous sommes toujours prosternés, elles sont toujours debout... Cette fois, je reçois à brûle-pourpoint un congé définitif... et pour quel crime ?.... je me suis permis la plus innocente et la plus voilée des épigrammes contre ce grotesque M. Mozeman...

— Oui, Albert, mais ce grotesque personnage sera un mari demain.

— Oh! mon cher Daniel, viens au secours de ma raison ! soutiens-moi, illumine-moi, ce coup de foudre n'aurait pas dû me laisser vivant... Daniel, elle aime cet homme! elle l'aime !

— C'est bien possible !

— Un vieillard ! un vieillard !

— Ou qui le sera demain.

— Tout ce qu'il y a de vulgaire, de bourgeois, d'ennuyeux, de nauséabond dans les marécages de l'ambition constitutionnelle des départements.

— C'est ainsi, mon cher Albert.

— Avez-vous remarqué, Daniel, avec quel intérêt sympathique elle a écouté sa théorie absurde sur les opéras ?

— Oui, Albert, elle était suspendue comme Didon aux lèvres de son héros.

— Voilà les femmes !...

— Quant à moi, Albert, de pareils traits changent mes idées. Je suis sorti de la maison de madame de Simian avec un cœur léger et un esprit serein. J'ai subi ces trois phases en une heure : La colère, l'étonnement, la froideur. Je me suis arrêté à la dernière, et je m'en trouve bien.

— Daniel, c'est que tu n'aimais pas cette femme.

— Alors, tant mieux ! il me sera facile de

ne plus sentir ce que je n'ai jamais éprouvé.

— Quand je pense, Daniel, qu'il y a en ce moment dix ou douze pauvres amoureux qui courent le monde pour commettre de bonnes actions au bénéfice de leurs amours, et qu'à leur retour à Paris, quand ils viendront déposer leurs couronnes civiques aux pieds de la marquise, ils trouveront la bourgeoise madame Mozeman!

— Qu'importe, Albert! les bonnes actions seront commises. Toi-même, tu n'abandonneras pas ce pauvre Vincent, du bagne de Toulon. La voix qui nous a mis sur une bonne route était une voix perfide, mais ses conseils n'ont pas perdu leur valeur. Voilà, au contraire, notre meilleure vengeance, et la seule que nous puissions exercer contre une femme; elle a oublié sa dignité envers nous; n'oublions pas notre dignité envers elle. Faisons ce que nous avons promis de faire, et nous verrons ensuite de quel côté se trouvera l'humiliation.

— Oui, Daniel, voilà ce que vous avez dit de mieux.

Et Albert serra la main de son ami.

Ils se séparèrent bientôt, et l'adieu d'Albert fut accompagné d'un geste expressif qui promettait beaucoup de choses, et dont l'énergie garantissait la sincérité.

la récompense

VII.

Daniel de Gestain continua ses visites à madame de Simian, mais à de très-rares intervalles; il avait cru devoir agir ainsi, dans un sentiment de politesse bien comprise.

La belle veuve affectait de ne jamais prononcer le nom de l'ami absent, et elle avait repris avec Daniel ce ton de vivacité spirituelle, qui semble exclure toute pensée sérieuse.

Quelquefois M. Mozeman se trouvait en tiers dans l'entretien, et Daniel lui témoignait, avec un naturel exquis, autant d'égards que madame de Simian pouvait en désirer.

Un jour, le comte Daniel entrant chez la marquise et recevant l'interrogation accoutumée, qu'y a-t-il de nouveau? répondit : Oui, madame, il y a du nouveau, cette fois ; un de mes amis vient de rendre un fils unique à sa vieille mère, dans un petit village de la Bretagne ; voilà le fait tel que le rapporte le journal royaliste de Nantes.

Et il donna le journal à madame de Simian.

La figure de la belle veuve se colora vivement, et la feuille tremblait dans sa main.

— L'auteur de cette action n'est pas nommé dans ce journal ? — dit-elle après la lecture, et avec une émotion profonde.

— On ne doit jamais signer une bonne œuvre, dit Daniel, quand on sort de vôtre école, madame, et quand on se nomme Albert de Saint-Marc.

En ce moment, on annonça M. Mozeman.

La marquise fit approcher le domestique et lui dit :

— Annoncez à M. Mozeman que je suis partie pour ma terre du Calvados, et que je serai de retour à Paris l'hiver prochain.

— Vous partez pour le Calvados, madame? — demanda le comte brusquement.

— Non, monsieur le comte; je suis honteuse

de mentir ; mais le mensonge est la seule arme de défense contre les importuns.

— Ainsi, M. Mozeman n'est pas... un... le...

— Comte de Gestain, — dit la marquise en souriant, — M. Mozeman est un de ces parents lointains que la nature nous donne pour nous faire aimer les autres. Il s'est imposé comme visiteur, je l'ai subi.

— Mais, madame, — dit le comte avec le ton lent et ménagé de la circonspection.

Les visites de M. Mozeman ont permis au monde d'accréditer certains bruits...

— Je sais cela, comte de Gestain ; la médisance n'était pas dangereuse ; il faut savoir gré au monde lorsqu'il ne fait que médire ; il lui est si aisé de faire plus et de calomnier. D'ailleurs le bruit de mon mariage avec M. Mozeman servait mes projets.

— Ah !

Le comte fit cette exclamation, et regarda la marquise avec des yeux qui demandaient la suite de la confidence; mais la jeune femme regarda le plafond et se tut.

On ne parla plus que de choses insignifiantes, de peur d'aborder trop tôt les choses sérieuses, et le comte de Gestain osa pourtant hasarder, en prenant congé de la marquise, le nom de son ami.

— M. de Saint-Marc s'est bien conduit, dit-elle ; soit calcul, soit inspiration, il a répondu à mon idée ; dans l'un ou l'autre cas, il s'est réhabilité. Je le reverrai certainement avec plaisir...

Vous l'accompagnerez, n'est-ce pas, comte de Gestain ?

En quittant madame de Simian, Daniel courut à la maison d'Albert.

— Monsieur le vicomte, lui dit le portier, est encore en Bretagne, et il n'a pas encore annoncé son retour.

Daniel, qui arrivait chez son ami, le cœur plein de paroles, fut obligé de garder ce trésor et d'en ajourner l'explosion ; il marchait au hasard, à travers Paris, en receuillant tous ses souvenirs récents, pour ne rien perdre de tout ce que la marquise avait dit, et pour graver même dans sa mémoire la mélodie de ses intonations.

Absorbé par ce travail, en traversant le boulevart italien, il laissa tomber sa main dans une main brusquement offerte, et il n'avait pas eu le temps de la retirer, lorsqu'il reconnut M. Salvien.

L'opéra.

VIII.

Salvien ne parut nullement embarrassé de l'accueil glacial que lui fit Daniel.

— Monsieur le comte, lui dit-il d'un ton

gai, je vous cherche partout depuis notre singulière rencontre, rue Beauregard; vous devez avoir emporté de moi de bien mauvaises idées, et je tiens à ne pas perdre votre estime. Je sais que les apparences sont contre moi, monsieur le comte, mais en vous expliquant la chose, vous verrez que les apparences ont tort, selon leur habitude...

— Vous ne me devez aucune explication, monsieur, dit Daniel; c'est une affaire jugée rue Beauregard; il n'y a ni appel, ni cassation, ni recours en grâce. Il y a un fait indestructible; et si vous essayez de le justifier, vous commettrez une faute de plus. Restons-en là. C'est suffisant.

— Comment! dit Salvien avec une bonhomie joyeuse, comment! cher comte! à votre âge, vous seriez déjà puritain rigide à ce point! Réservez-vous donc quelques vertus pour vos vieux jours... Non, plaisanterie à part, monsieur de Gestain, la chose n'est pas ce qu'elle paraît; je voulais faire une observation de mœurs, et me la payer vingt mille francs. Je n'ai jamais eu l'idée d'acheter l'honneur d'une jeune fille au prix de la vie et de la liberté d'un malheureux. Que diable! si j'insiste avec cette force sur ce point, c'est que je suis innocent de toutes ces infamies, si communes de nos jours ; c'est que je tiens à me remettre dans votre estime. Qu'ai-je à craindre? rien. Pourquoi me justifierais-je, alors? J'étais votre ami, je tiens à l'être encore, voilà mon seul but.

Le comte Daniel avait une de ces perceptions délicates qui permettent de juger tout ce qu'il y a de faux dans un discours,

Or, ce que disait Salvien avait dans le ton, l'accent et la forme, une allure suspecte, même en faisant la part de l'émotion qu'un ancien fournisseur libertin pouvait ressentir par hasard, en parlant d'une chose honteuse; on voyait que le naturel manquait à sa phrase.

Pourquoi venait-il se justifier de cette mauvaise action? que lui importait l'estime du comte de Gestain ? et dans quel but véritable avait-il arrêté Daniel au passage sur le boulevart?

Toutes ces idées préoccupaient Daniel, même au moment où, prenant congé de Salvien, il lui dit avec une politesse insolente : Monsieur, je donne mon estime tout de suite, mais quand il s'agit de la rendre, je prends une année de réflexion.

Cet incident n'occupa d'ailleurs l'attention de Daniel que le temps de sa durée.

A la limite du boulevart, Salvien était oublié.

Le soir même de ce jour, le comte prenait le chemin de fer d'Orléans et allait rejoindre son ami à Nantes ou aux environs.

Madame de Simian qui, par une tactique nouvelle et savante, avait si bien su concilier la noblesse de ses instincts et le secret de ses prédilections de femme, commençait à éprouver de sérieuses craintes au moment où le triomphe lui arrivait.

Entourée de jeunes gens dont l'admiration prenait chaque jour un caractère plus tendre et plus dangereux, et ne distinguant, par affection secrète, que le jeune vicomte de Saint-Marc, elle s'était merveilleusement servie de son influence souveraine pour rendre à la société cette pléïade d'oisifs ; et voulant ensuite éprouver l'amour d'Albert, elle n'avait fait aucune exception en sa faveur, laissant même accréditer le bruit de son mariage avec M. Mozeman, pour s'assurer si la tendresse et le noble caractère du vicomte de Saint-Marc survivraient à cette épreuve décisive.

La réussite était donc complète. Madame de Simian s'attendait donc à voir reparaître Albert, et la formule du pardon qu'elle lui préparait devait être tendre comme un encouragement.

Plusieurs jours s'étaient passés déjà, et l'heure des visites n'amenait personne.

La marquise s'inquiétait dans sa solitude et ne pouvait l'expliquer. Ces sortes de positions sont intolérables pour les femmes; elles sont obligées de subir l'énigme d'une absence impossible, et de dévorer un flux et reflux de conjectures irritantes, dans les quatre murs d'un salon désert, sans qu'il leur soit permis de faire une démarche, une visite, une enquête domestique pour sortir du plus étrange embarras.

Un soir, madame de Simian, parcourant la quatrième page d'un journal, s'arrêta aux annonces de spectacles, et appelant sa tante, madame de Villers : — On joue les *Huguenots*, dit-elle; faites un acte de complaisance maternelle; accompagnez-moi; je veux voir du monde, nous allons passer à l'état sauvage, si la musique et la foule ne viennent pas à notre secours.

Un domestique reçut l'ordre de prendre une petite loge de baignoire et d'amener un fiacre.

On voulait entourer d'un certain mystère cette course à l'Opéra. Il fallait donc laisser dans son repos habituel l'équipage de la marquise, faire la plus bourgeoise des toilettes, attacher au chapeau le moins transparent des voiles, et aller à l'Opéra comme à un plaisir prohibé.

Il est fort possible, pensa la marquise, qu'en souvenir de la théorie de M. Mozeman, le comte Daniel et son ami Albert aient l'idée de voir les *Huguenots*, et l'espoir d'y rencontrer l'agronome pour établir quelque discussion railleuse avec lui.

Madame de Simian et sa tante descendirent sous le hangar de la rue Lepelletier et congédièrent leur fiacre ; elles se glissèrent dans la foule qui obstruait les défilés du contrôle, et sans avoir remarqué un visage connu, elles entrèrent dans une baignoire où les rayons du lustre et des girandoles ne pénétraient pas.

L'opéra des *Huguenots* fut fort négligé pendant toute la représentation. La lorgnette de madame de Simian détailla une à une toutes les figures des loges et du balcon.

Le théâtre était peuplé d'inconnus, personnel bourgeois des spectacles de l'été.

On voyait à la physionomie de la salle que Paris habitait la campagne en ce moment, et cédait ses places d'Opéra aux villes voisines, arrivées par les lignes des chemins de fer pour prendre des plaisirs que la province leur refuse obstinément.

La voiture de place.

IX.

La galerie de l'horloge marquait minuit à son cadran, lorsque madame de Villers et sa nièce la traversèrent au milieu de la foule compacte qui sortait de l'Opéra.

Pendant que le défilé des équipages s'établissait sous le geste des gardes municipaux équestres, dans la rue Lepelletier, les fiacres numérotés arrivaient du boulevart, s'alignaient devant les passages de l'Opéra, et les commissionnaires, décorés de la plaque municipale, recrutaient les piétons, les conduisaient à la voiture retenue, ouvraient la portière et criaient l'adresse au cocher.

La beauté de la nuit permettait de gagner à pied leur domicile à ceux qui habitaient les quartiers voisins.

Madame de Simian et sa tante, qui avaient déjà plusieurs fois profité du service providentiel de ces voitures de la sortie de l'Opéra, suivirent le premier commissionnaire qui vint s'offrir à elles, et, après avoir donné leur adresse qui fit murmurer le cocher à cause de l'éloignement, elles s'assirent sur la banquette d'une citadine attelée de deux chevaux.

La petite voiture marchait avec la lenteur de son espèce, et madame de Simian commençait à regretter ses chevaux.

— Car, disait-elle en riant, nous n'arriverons qu'au lever du soleil.

— Il faut bien expier ta folle équipée, répondait madame de Villers.

Les lumières s'éteignaient sur toute la ligne du boulevart ; les maisons prenaient une physionomie ténébreuse ; quelques ombres de passants se dessinaient çà et là, en silhouettes, dans les éclaircies du gaz ; la place Louis XV conservait un reste d'animation avec les derniers équipages arrivés de l'Opéra et regagnant le faubourg Saint-Germain.

La citadine entra dans le Cours-la-Reine, et les deux femmes ne virent plus que les masses noires et confuses de la forêt symétrique des Champs-Élysées.

— On pourrait bien être arrêté ici, comme en pleine forêt de Sénart, dit la marquise avec un ton de gaîté fausse; et, à coup sûr, nous ne serions pas sauvées par l'agilité de nos chevaux.

— Heureusement la police est si bien faite à Paris, dit madame de Villers, que nous sommes, à cette heure, ici en sûreté comme sur le boulevart Italien.

— Vous dites cela pour vous rassurer et pour me rassurer, ma chère tante ; oui, je sais qu'on répète partout machinalement, depuis Fouché, que la police est bien faite; mais c'est la police qui fait courir ce bruit. Il y a une patrouille de trois hommes pour garder une capitale, une brigade de gendarmerie pour garder un département, un garde-champêtre invalide pour garder deux horizons de campagne.

On rassure les citoyens en exposant le tableau de Prudhon dans une salle de cour d'assises, et on nous prouve que la justice découvre et punit tous les crimes, avec ce tableau, ce qui permet à la vigilance préventive de s'endormir.

La police n'est bien faite qu'à Londres. Chaque rue est gardée toute la nuit. Il y a une patrouille permanente de dix mille argus municipaux, et si nous traversions à cette heure, le faubourg de *Lime-Reach*, ou le quartier de

Saint-John-Curch, isolé comme ce *Cours-la-Reine,* nous rencontrerions un homme de police sous chaque bec de gaz.

En France, on ne trouve que le semblant de la protection et de la sécurité, et on nous fait payer ce semblant fort cher, comme si on nous donnait tout.

— C'est fort triste cela, ma chère enfant, dit madame de Villers, mais demain, à notre réveil, nous n'y penserons plus.

— Nous sommes à demain, ma tante, dit la marquise, le courant de la rivière nous apporte le coup d'une heure de tous les clochers de Paris..... Chaillot est-il encore bien loin?

— Nous passons devant le pont des Invades... Je crois que notre cocher s'est endormi.

— Pauvre malheureux! il prend son lit où il le trouve.

L'heure avancée de la nuit et le cahotement de la voiture agirent bientôt sur les deux femmes; elles se laissèrent aller au sommeil, comme elles auraient fait dans un long voyage.

Une violente secousse les réveilla en sursaut, et elles poussèrent un cri de terreur; d'épaisses ténèbres les environnaient; la voiture semblait emportée par les chevaux avec la rapidité d'un wagon.

De fortes plaques de bois avaient remplacé les vitres des stores; les deux femmes meurtrirent leurs faibles mains pour essayer de se donner de l'air et du jour; ce furent d'inutiles efforts : elles étaient emportées comme dans un tombeau attelé d'hippogriffes.

Leurs cris de détresse expiraient dans cette prison volante; le bruit des roues, des ferrailles et des chevaux lancés à toute vitesse auraient d'ailleurs étouffé des voix bien plus fortes.

Le délire bouillonnait déjà dans leurs cervaux; elles tordaient leurs bras et s'embrassaient comme dans les convulsions de l'agonie; point de doute, elles couraient au vol sur le chemin d'une épouvantable révélation.

Un crime les attendait au bout.

De hideux fantômes se dressaient devant elles; un piége infernal leur avait été tendu; elles y étaient tombées, en laissant au bord du précipice la protection et l'espoir.

Dans le désordre d'idées où une pareille aventure devait jeter deux femmes, il leur fut impossible d'apprécier la mesure du temps écoulé.

La voiture s'arrêta.

Un bruit de ressort grinça dans les deux portières; elles s'ouvrirent en même temps.

A droite et à gauche, on entendit une voix qui dit :

— Descendez, madame.

L'effroi paralysait toute résistance.

La marquise descendit et se trouva, au même instant, seule et enfermée dans une petite chambre, éclairée par une chandelle de suif.

Madame de Villers avait été emportée mourante de l'autre côté de la voiture.

Tout cela s'était accompli au milieu du plus profond silence, et dans une obscurité qui n'avait pas permis de distinguer le repaire où le plus audacieux des crimes venait de conduire deux femmes, après une soirée à l'Opéra.

La prisonnière.

X.

Madame de Simian ne resta pas longtemps sous l'oppression de cette terreur qui paralyse les facultés; comme toutes les âmes fortes, elle ne redoutait dans un malheur que le premier moment, et savait bientôt se mettre, par le réveil de l'énergie, au-dessus de la plus horrible situation.

Elle regarda autour d'elle, et ses yeux semblaient n'avoir que l'expression tranquille de la curiosité.

Ce qu'elle voyait pourtant n'était pas de nature à calmer de justes alarmes.

La petite chambre avait un aspect sinistre, les murs badigeonnés d'ocre, laissaient pendre, çà et là, quelques lambeaux humides de tapisserie.

Une cheminée de plâtre supportait un miroir à cadre de bois, dont la glace ternie avait perdu le phénomène de la reproduction ; au milieu, boitait une table hideuse de souillures, et l'alcôve laissait voir, au fond, à travers les larges crevasses des rideaux, un de ces grabats d'auberge dégarnie, comme les voyageurs en trouvent pour veiller sur la crête des Abruzzes ou des Apennins.

Elle se leva d'un pas résolu, comme un locataire qui veut examiner en détail tous les recoins de son nouveau domaine.

La seule fenêtre de la chambre était losangée de fortes grilles de fer et s'ouvrait sur une basse-cour étroite, toute encombrée de vieux outils de ferme et de meubles vermoulus. En rêve, on voit de ces choses-là, et on souffre à perdre la respiration.

Madame de Simian, le visage collé sur les grilles de fer, regarda longtemps ce tableau, avec cette attention obstinée qu'on apporte aux objets effrayants. Les étoiles éclairaient sombrement cette basse-cour et donnaient à ses quatre murs une hauteur indéterminée, qui ôtait tout espoir à l'évasion.

Deux cimes d'ormeaux se montraient dans l'air extérieur et ressemblaient à deux têtes de géeants, inclinées sur ce repaire pour en surpendre les secrets.

Madame de Simian poursuivit minutieusement son examen, et, par intervalles, elle s'arrêtait, croisait les bras, inclinait la tête et la redressait tout-à-coup, dans un frémissement convulsif, comme si elle eût voulu se délivrer des horreurs étouffantes d'un rêve.

On éprouve quelquefois ces consolations du réveil dans les fièvres des mauvaises nuits.

Il n'y a point de réveil dans les angoisses de la réalité.

En jetant un coup d'œil dans le cadre ténébreux de la cheminée, la marquise découvrit les restes d'un feu éteint depuis longtemps, et vit blanchir sur la cendre des lambeaux de papier à demi-brûlé : elle détacha du bout du pied la moitié d'une enveloppe de lettre, la ramassa machinalement, et un cri, fortement réprimé sur les lèvres, attesta une surprise au-dessus de toute expression.

L'adresse à moitié consumée laissait encore lire ceci :

Mons. le comte Daniel de Gest...

La découverte d'un pareil indice avait quelque chose de providentiel.

C'était horrible, sans doute, mais au moins toutes les incertitudes étaient levées; la marquise se trouvait, par un crime infernalement combiné, au pouvoir du comte de Gestain.

La jeune femme marchait à pas précipités, l'œil en feu et le teint empourpré d'indignation, s'arrêtant au moindre bruit, le visage tourné vers la porte pour foudroyer de son premier regard, l'homme infâme qui allait entrer, sans nul doute, à une heure plus avancée de la nuit!

Elle préparait ses paroles, pour cette formidable rencontre, comme le soldat prépare ses armes avant le combat ; et elle comprimait avec peine cette explosion de colère stridente, pour ne pas la dépenser en pure perte, et la faire éclater dans toute sa puissance devant un criminel agresseur.

Elle dévora ainsi un siècle en une heure, et, vers la fin de la nuit, elle entendit un bruit de pas et le grincement d'une clé dans la serrure de la porte de sa petite chambre.

L'attitude que prit la marquise, en ce moment, avait un caractère héroïque : elle attendait avec le geste, la parole et le regard, seules armes de sa défense, mais qui peuvent donner la victoire au désespoir.

La porte s'ouvrit, et la forme hideuse qui entra n'était pas le danger attendu.

C'était encore une apparition étrange appartenant au personnel des mauvais rêves; une vieille femme, pâle, maigre, la tête couverte de longs cheveux gris débouclés.

Elle referma la porte avec précaution, salua froidement la marquise et s'assit.

— Vous venez, sans doute, me préparer à l'arrivée de votre maître, lui dit la marquise d'un ton fier; vous pouvez aller lui annoncer que je l'attends.

La vieille femme fit un signe négatif avant de parler.

— Non, madame, dit-elle ; je viens vous voir. On m'a chargée d'avoir soin de vous, et je ne savais pas que j'avais une prisonnière si jeune et si belle...

— Une prisonnière ! — interrompit madame de Simian ; — pourriez-vous me dire le nom du juge qui a prononcé ma condamnation ?

— Oh ! cela est un secret, — dit la vieille femme en ouvrant de grands yeux d'un gris terne, — je ne connais, moi, que mon devoir; j'obéis et je me tais.

— Je vous étonnerais bien, — dit la marquise, — si je vous nommais votre maître.....

— Madame, — répondit la geôlière avec un sourire assez bienveillant, — oui, vous m'étonneriez beaucoup, mais vous ne le nommerez pas. C'est impossible.

— Ce n'est pas le comte Daniel de Gestain qui me démentirait? — dit madame de Simian.

La vieille femme bondit sur sa chaise, et son visage parut bouleversé de stupéfaction et d'effroi. Elle joignit ses mains d'une façon suppliante, et dit avec une vivacité peu ordinaire à son âge :

— Madame, au nom de Dieu, ne me perdez pas ; on peut croire que c'est moi qui vous ai révélé...

— Ne craignez rien, — interrompit la marquise d'un ton de bonté, — je connais monsieur de Gestain, et quand je le verrai ici, je n'aurai pas besoin de lui dire qu'un autre vient de m'apprendre son nom.

— Mais vous ne le verrez pas, madame, —

dit la mégère avec effroi ; — vous ne le verrez pas... me comprenez-vous ?...

— Je ne vous comprends pas...

— Il entrera ici, madame, quand cette lumière sera éteinte..... Me comprenez-vous à présent?

— Oui, — murmura la marquise avec un accent de terreur.

Et elle marcha vivement d'un angle de la chambre à l'autre, en prononçant des paroles sourdes qui ne se liaient pas à cet entretien.

Puis elle s'arrêta brusquement devant la porte, et dit d'un ton résolu :

— Eh bien ! je l'attends !

— Oh ! madame, dit la vieille femme, il ne viendra pas cette nuit. Le jour va bientôt poindre... Prenez quelque repos, madame, je vous en conjure, — et elle ajouta avec un accent de sensibilité touchante : — Vous m'inspirez le plus tendre intérêt, et pour tout au monde je ne voudrais pas vous voir malheureuse. Je n'ai eu pitié pour aucune des femmes qui sont entrées ici ; mais vous, c'est singulier, je me suis émue en votre faveur tout de suite.

Je me perds peut-être en disant cela ; c'est plus fort que moi, il faut que je le dise. Qu'ai-je à perdre d'ailleurs ? j'ai soixante-quinze ans ; ce n'est pas trop tôt pour faire une bonne action.

Une nuit horrible.

XI.

Madame de Simian regardait sa geôlière avec des yeux pleins de surprise, et elle réfléchissait sur le parti qu'elle pouvait tirer du dévouement spontané de cette femme.

— Croyez-moi, madame, poursuivit-elle ; croyez-moi, prenez du repos, conservez toute votre énergie..... On veut compter sur votre faiblesse... Je connais les habitudes de cette maison... Excepté moi, personne n'entrera ici avant le troisième jour. J'aurai soin de vous, madame, je ne vous laisserai manquer de rien... mais ne me perdez pas, ne me perdez pas, au nom de Dieu. Je tiens encore un peu à la vie pour mes enfants.

— Le comte de Gestain vous inspire donc

une bien grande frayeur? demanda la marquise.

— Ah! madame,—répondit la vieille femme en regardant le plafond.

— Le connaissez-vous bien? l'avez-vous vu souvent?

— Si je le connais ! madame ! — dit la geôlière en baissant la voix ; c'est un beau jeune homme, grand, bien fait, avec des yeux noirs, doux comme ceux d'une gazelle ; mais il ne faut pas se fier à ces apparences. Je ne veux pas dire qu'il soit méchant, lorsque rien ne l'oblige à l'être ; seulement il sacrifierait tout pour avoir une femme ou un cheval ; vous connaissez sans doute, madame, sa jument arabe, *Naïka;* elle lui coûte vingt mille francs et un bon coup d'épée qu'il a donné dans un duel à un de ses meilleurs amis.

C'est un jeune homme très-passionné. Je le sais mieux que personne, moi qui connais toutes ses intrigues; il est vrai qu'il me paie très-bien.

Toutes ces phrases furent dites avec un ton plein d'aisance et de naturel, comme les réciterait une actrice consommée dans l'art du mensonge théâtral.

Les pensées qui bouillonnaient dans l'âme de la marquise se traduisaient sur son visage avec un relief d'animation fiévreuse : la dernière phrase qu'elle prononça les résuma toutes.

— Malheureuses femmes que nous sommes! dit-elle ; nous sommes environnées à notre insu de toutes ces infamies ; c'est notre sort.

La vieille femme poussa un soupir, se leva en montrant du doigt un rayon de l'aube sur les grilles de la fenêtre, et après avoir donné encore quelques conseils obligeants, elle sortit.

Madame de Simian, brisée par l'insomnie et la fièvre des émotions, était arrivée à cet état de langueur où le corps n'a plus la force de porter l'âme.

Elle se laissa tomber sur une chaise à côté du lit et trouva, pendant quelques heures, ce repos factice et agité qui ressemble au sommeil, et dont les rêves sont des visions.

Quand elle sortit de cette léthargie, elle vit la vieille femme assise à côté d'elle, et la regardant avec un intérêt plein de consolation.

— Madame, dit la geôlière, vous voyez que

je ne vous oublie pas. Voici mes provisions du jour que je vous apporte; c'est moi qui vous ai tout apprêté. Vous serez contente, j'espère, de l'ordinaire de la maison.

— Vous êtes vraiment pleine de bonté pour moi, dit la marquise avec effusion, et je voudrais pouvoir être libre et vous en témoigner toute ma reconnaissance ; mais, en ce moment, je ne sais pas si mon lendemain m'appartient, et je ne puis vous remercier qu'avec des paroles, lorsqu'il faudrait vous combler d'or.

— Oui, madame, votre lendemain vous appartiendra, et vous pouvez y compter, — dit la vieille d'une voix basse et ferme. — Demain, vous ne serez plus ici, demain vous serez libre.

Je viens d'apprendre que le maître de la maison sera rendu ici plus tôt que je ne pensais. Il faut donc se hâter de sortir.

— Mais sortons tout de suite, ma chère ange ! — s'écria la marquise en se levant, avec une joie délirante, — je vous jure que vous serez riche ce soir.

La geôlière fit un sourire triste et un geste

de la main droite qui modérèrent la joie de la prisonnière ; puis elle ajouta :

— Madame, ce n'est pas une sortie qui doit et peut vous rendre la liberté ; c'est une évasion. Comprenez-vous cette différence ? Hélas ! moi, je la comprends trop... Vous me regardez avec des yeux qui demandent une explication..... je vais vous la donner. Je suis toute disposée à vous servir ; mais, en conscience, je ne veux pas compromettre et trahir ceux qui, depuis six ans, m'accablent de leurs bontés.

Vous êtes irritée contre monsieur le

comte, madame, c'est naturel, je le conçois ; mais, moi, je n'ai pas à me plaindre de lui; au contraire, ils ont été l'un et l'autre toujours excellents pour la pauvre vieille femme qui a l'honneur de vous parler, et...

— Un moment... je suis forcée de vous interrompre, dit la marquise d'une voix tremblante, vous venez de me faire comprendre, deux fois, que M. le comte de Gestain a un complice dans les horreurs de cette maison?

— Un ami, madame; un jeune homme qui ne le quitte jamais ; il m'est impossible de vous dire son nom...

— Je vais vous le dire, moi... c'est le vicomte Albert de...

— Assez! — dit la vieille femme en étendant la main.

La geôlière.

XII.

Ce fut un nouveau coup de foudre qui tomba sur la tête de madame de Simian, et qui la laissa debout, dans une effrayante pose d'immobilité.

L'indignation la suffoquait et bouillonnait dans sa poitrine, comme la lave dans le cratère avant l'éruption.

Elle parcourut à grands pas la chambre, comme une panthère dans sa cage, et les paroles de soulagement s'échappaient de ses lèvres au milieu des éclairs de ses regards.

— Comme ils m'ont jouée! disait-elle ; et comme je m'explique toute leur conduite, à présent!... les infâmes!... Et l'autre qui allait se battre en Afrique, et qui s'arrête à l'arsenal de Toulon, pour rendre à sa vieille mère vendéenne un fils plus malheureux que coupable!... quelle indigne fable! quels hommes !

quelles mœurs !... Oh ! non... non, je ne veux sortir de ce repaire ; je reste, je les attends ici, je veux les écraser sous le poids de leurs infamies. Dieu me donnera la force de ce moment... oui, je sens que dans le malheur il n'y a de terrible que le premier pas ; je suis à l'aise ; je suis joyeuse de me trouver en face de ces criminelles insolences, pour les dominer avec ma voix et les mettre en lambeaux sous mes pieds !

La geôlière parut un instant contrariée de cette détermination inattendue que venait de prendre madame de Simian ; elle laissa éclater cette noble colère sans la troubler, et le silence du repos étant venu :

— Madame la marquise, — lui dit-elle avec une voix douce comme celle d'une jeune fille, — vous réfléchirez et vous changerez d'avis. Vous comptez beaucoup trop sur vos forces, et quand l'heure viendra, vous ne trouverez que votre faiblesse et votre isolement. Un homme n'a rien à craindre d'une femme ici, et une femme...

— Bonne femme, interrompit la marquise, je vous ai promis ma reconnaissance, et je tiendrai ma parole.

— Madame, — dit la geôlière avec l'accent de l'émotion, — cette phrase est blessante pour moi; je l'ai trop comprise. Je ne vous ai pas proposé de vous rendre un service, avec l'intention de recevoir de l'argent...

— Oui, oui, ma bonne mère, — dit la marquise en serrant la main de la vieille, — je comprends votre délicatesse; je vous ai blessée, excusez-moi; ma tête ne m'appartient pas.

— Oh! mon Dieu!—poursuivit la geôlière, — si vous voulez rester ici et tout braver, vous en êtes bien la maîtresse. Cela m'arrange mieux, et je ne cours aucun risque. Attendez donc ceux qui vont venir, et n'accusez que vous de ce qui arrivera. J'ai fait mon devoir ; il faut bien le faire au moins une fois, avant la fin de ses jours. Cette bonne action, quoique refusée, me réconcilie un peu avec moi-même. Dieu fasse, madame la marquise, que votre imprudente détermination n'amène pas un cruel repentir !

— Je les attends ! je les attends ! — dit la marquise, en redressant fièrement sa noble tête ; — une lâcheté est interdite aux femmes comme aux hommes, et je n'en commettrai pas une en fuyant. Où les retrouverais-je, d'ailleurs, vos maîtres, si je n'avais pas le courage de les attendre ici ? Il me faudrait supporter toute ma vie le regret d'avoir fui des lâches, quand il fallait les écraser.

— N'en parlons plus, ma belle dame, — dit la geôlière en faisant quelques pas vers la porte, — il ne faut pas vouloir obliger les gens malgré eux. Cette maison était tranquille depuis quelque temps... elle va voir de tristes scènes..... Madame la marquise, si les murs de votre prison pouvaient parler!..... regardez ici autour de vous... il n'y a que des traces de violence et de désespoir..... Des mains plus fortes que les vôtres se sont brisées contre ces pierres...

— Mais dans quel horrible siècle vivons-nous! — s'écria la marquise en tordant ses mains sur ses cheveux; — il n'y a donc point de protection contre la hardiesse de pareils attentats!

— Que vous êtes enfant! — dit la vieille avec une familiarité excusable dans la situation.

— Si Satan, le roi de l'Enfer, Satan, qui est riche et rusé, venait faire sur terre commerce de crimes, croyez-vous qu'il dresserait assez habilement ses batteries pour esquiver le regard borgne de la loi? Eh bien! madame, il y a des hommes puissants qui sont plus adroits que les diables, et qui calculent trop bien leurs coups pour se laisser prendre comme des oisons. Ils ont toujours les yeux ouverts pour éviter ceux qui les ont toujours fermés. Ils voient tout, et personne ne les voit. Aussi, il n'y a que de pauvres diables et des imbéciles dans les bagnes et dans les prisons... Mais tout ce que je vous dis là, madame, est inutile; vous avez pris votre parti; vous refusez votre liberté, quand on vous l'offre. J'ai fait une grande sottise, et je m'en repens. Nous en porterons la peine toutes les deux..... Et l'autre pauvre dame aussi...

La geôlière prononça ces dernières paroles avec un étouffement de sanglots.

Délivrance.

XIII.

— Quelle autre pauvre dame? — dit la marquise émue qui avait oublié sa tante, au milieu de ces scènes d'horreur, — puis, se ravisant tout-à-coup :

— Ah! c'est juste! oui... Ma pauvre compagne de captivité!... Que fait-elle?... Comme le malheur rend égoïste!..... Donnez-moi des nouvelles de madame de Villers...

— C'est ma prisonnière aussi, — dit la vieille femme en versant quelques larmes. — Oh! celle-là en mourra : elle n'a pas votre courage...... Je l'ai vue ce matin... elle a eu des crises nerveuses qui m'ont fait peur...

Madame de Simian porta ses mains dans ses cheveux, et s'écria :

— Il faut la sauver, il faut la sauver à tout

prix. Rendez-lui la liberté ; partez avec elle ; la moitié de notre fortune est à vous.

— Impossible! impossible! — dit la geôlière ; — vous sortirez toutes deux, ou personne ne sortira. Je vous ai dit, madame, que toute disposée que je suis à vous rendre service, je ne veux rien faire qui puisse compromettre monsieur le comte... c'est mon bienfaiteur.

La marquise fit plusieurs tours à pas rapides dans la chambre, et, prenant la main de la geôlière, elle dit avec force :

— Je partirai!

La vieille femme retint à peine un mouvement de satisfaction, qui échappa au regard de madame de Simian.

Elle ouvrit la porte avec précaution, et dit :

— Je vais annoncer cette bonne nouvelle à votre amie, et quand le moment sera venu, vous me reverrez... Il faut que je fasse toutes mes dispositions... ce sera un long travail; vous vous laisserez conduire aveuglément. Soyez calme, tout ira bien.

A ces mots, elle sortit.

Le jour qui s'écoulait eut des proportions séculaires pour madame de Simian : quand la nuit tomba, elle se trouva sans lumière, au milieu de la plus profonde obscurité.

Ces heures nocturnes qui donnent la faiblesse au cœur des plus forts, inspirèrent d'autres idées à la belle prisonnière ; elle sentait que son énergie lui échappait à mesure que les ténèbres s'épaisissaient autour d'elle.

Le moindre bruit la faisait tressaillir, comme un enfant au berceau ; et quand elle entendit grincer les gonds de la porte et qu'une forme humaine se dessina dans l'éclaircie livide du corridor extérieur, elle sentit des frissons aux racines de ses cheveux, et la flamme du délire s'alluma dans son cerveau.

Une voix faible comme un souffle sortit de la porte et dit :

— Venez.

La jeune et belle prisonnière se raidit sur ses pieds défaillants, et tendit sa main à la main qui la délivrait et qui la conduisait à tâtons sous un hangar ténébreux où on entendait un piétinement de chevaux.

— Montez, madame, dit la même voix, la voix de la vieille; montez, la portière de la voiture est ouverte, et votre amie vous attend.

Madame de Simian obéit avec un élan de joie qui lui rendit toute son énergie.

Les deux femmes s'embrassèrent, et les chevaux partirent avec une grande rapidité.

On avait baissé les stores, et il était impossible de découvrir quelques points de reconnaissance dans le voisinage, qui auraient fait découvrir la mystérieuse maison.

Soit que la voiture prît de longs détours, ou que la distance fût réellement considérable, on voyagea ainsi pendant plusieurs heures.

Enfin les chevaux s'arrêtèrent, la portière s'ouvrit, et un cocher dont la figure était au tiers voilée d'un mouchoir, dit d'un ton sec :

— Voilà une station de voitures ; mon service est fait.

Et il remonta lestement sur son siége, et lança ses chevaux vers la campagne.

Les deux femmes éprouvèrent une joie ineffable, en voyant devant elles, à quelques pas, le mouvement de la vie parisienne et les fusées du gaz, courant en lignes parallèles dans les rues d'un faubourg.

Malgré l'heure avancée de la nuit, les boutiques, les cafés, les restaurants étaient encore ouverts.

Quelques sergents de ville, cheminant avec l'ennui de leur métier, cherchaient çà et là une contravention pour attester leur vigilance, et noircir la page blanche d'un procès-verbal.

Dans un corps-de-garde voisin, le lieutenant méditait une patrouille de quatre soldats, chargés de maintenir la sécurité de la capitale et du département de la Seine.

Au coup de deux heures du matin, trois cavaliers municipaux, endormis sur leurs piédestaux équestres, sortaient de leur caserne pour épouvanter le crime au sein de la population.

A la station des voitures, les cochers dormaient sur toute la ligne, et aucun d'eux ne paraissait préméditer l'enlèvement de deux femmes; cependant, par un luxe de précaution fort excusable, la marquise, bravant les railleries des voisins, choisit un cabriolet à quatre roues et donna son adresse, avec l'ordre de brûler le pavé malgré la léthargie du cheval.

En mettant le pied sur le seuil de sa maison, la marquise de Simian trouva au fond de sa joie une tristesse profonde qui l'étonna et la fit réfléchir.

Sans doute elle venait d'échapper, par un

miracle, au plus odieux des guets-apens : mais quel intolérable souvenir ces deux mortelles nuits avaient fixé dans sa mémoire!

A quelle affreuse révélation son salut était lié!

Ces deux hommes qui avaient conquis, l'un son amour, l'autre son estime, n'étaient que deux bandits élégants, comme la seule fiction théâtrale semblait avoir le privilége d'en créer; et ce qu'il y avait de plus affreux dans ce souvenir, c'est que la vengeance était impossible ; c'est qu'il fallait dévorer en silence un lâche attentat, de peur d'attirer quelque chose de funeste sur cette pauvre vieille femme qui avait été pour les deux prisonnières un ange de salut.

Bien plus, ce crime ne pouvait être dénoncé, ni à la justice, ni à l'indignation des hommes, parce qu'après le châtiment de la loi ou la flétrisure publique, il y aurait encore, dans un coin de la société médisante, une compassion hypocrite mêlée de railleries et de conjectures redoutables.

Il n'était donc point étonnant que notre jeune et belle veuve, en examinant sa position, même après la délivrance, ne découvrît en elle un fond d'inquiétude sourde que rien ne pouvait guérir désormais.

La règle de conduite qu'elle avait à suivre trouva sa première application dans les premiers mots adressés à son vieux domestique et aux femmes de sa maison que le mystère de cette absence avait désolés :

— On ne peut se fier à personne ; je vous ai envoyé un commissionnaire de hasard ; il a trouvé tout simple de garder mon argent et d'oublier ma commission. Ma tante et moi, nous aurions été au désespoir de laisser ainsi nos gens dans une si grande inquiétude après le troisième acte de l'Opéra ; il faisait si chaud que nous avons eu la fantaisie de prendre le dernier convoi du chemin de fer et d'aller respirer sur la terrasse de Saint-Germain. Voilà ce que le faux commissionnaire devait vous dire, s'il avait voulu gagner son argent au lieu de le voler.

Cette explication donnée avec une grâce et une légèreté charmantes, eut un succès équivoque dans la pensée des auditeurs ; mais on eut l'air de s'en contenter ; c'était suffisant.

La porte fermée.

XIV.

Deux jours après ces événements la jeune veuve reçut la lettre suivante :

« Madame,

»Ce matin en arrivant à Paris, je me suis

empressé d'accompagner à votre charmant cottage le vicomte de Saint-Marc, mon ami, et votre nouveau portier nous a dit, d'un ton de Cerbère inflexible : Madame la marquise ne reçoit personne.

» Comme nous sommes persuadés que la consigne n'était pas générale, et que ce *personne* avait des exceptions, nous avons fait un léger mouvement pour forcer le passage de la grille, ce qui nous a mis avec ce bonhomme en état d'hostilité, au point qu'il a refusé de prendre nos cartes, et nous a menacés de M. le maire de Passy, pour violation de domicile.

»C'est un cas de cour d'assises.

»Saint-Marc m'a dit, en m'entraînant sur le chemin :

»— Madame de Simian rira de son plus beau rire, quand elle apprendra l'assaut que nous avons livré à la loge de son portier.

»En attendant, nous sommes chassés du paradis terrestre, comme deux Adam sans Ève, et nous nous garderions bien de tenter une nouvelle attaque de peur d'être livrés à la maréchaussée de Passy, ou au garde-champêtre qui veille à la conservation du pont d'Iéna.

» Nous nous sommes expliqué la rigueur de cette consigne, qui nous paraît toute dirigée contre le Mozeman et les siens : il ne fallait pas être sorcier pour le deviner.

» Je viens de rencontrer sous les arcades Rivoli notre candidat à la députation et au mariage.

» — Avez-vous vu la marquise ces jours-ci? — m'a demandé M. Mozeman d'un ton leste de roué de vieille cour.

» Sur ma réponse négative, il a ajouté :

» — La marquise est jeune, charmante, gaie; elle veut éprouver le dévouement de ses meilleurs amis, et leur impose des courses en Calvados. J'arrive du Calvados, M. de Gestain ; j'ai trouvé le château de madame de Simian inhabité, et j'oserai dire inhabitable. Il y a un concierge pour la forme, et c'est lui qui m'a dit que la belle châtelaine n'avait pas mis les pieds sur ses terres depuis cinq ans.

» Cependant, je n'ai pas voulu perdre mon voyage, et j'ai fait, de ce côté, quelques études agronomiques. On trouve encore beaucoup de routine chez les fermiers de ce pays Au moyen d'un engrais plus actif, on pourrait doubler le produit des herbages ; ce sera le sujet d'un mémoire que j'offrirai à l'Académie des sciences, le mois prochain.

» Comme je redoutais le développement de la théorie agronomique de M. Mozeman, je me suis hâté de lui serrer la main, avec une légèreté hostile, et je me suis sauvé aux Tuileries, pour réfléchir, à l'ombre des tilleuls, sur un acte de désespoir qui sera peut-être bientôt consommé.

» Conservez la résolution, madame, de toujours habiter votre château du Calvados, quand les Mozeman se présentent à votre maison de Paris ; mais ayez la bonté de faire fléchir la sévère consigne de votre porte, quand vos amis les plus sincères viennent mettre leurs hommages à vos pieds.

» Comte DE GESTAIN. »

Madame de Simian lut cette lettre, en accompagnant chaque ligne d'un sourire d'amère ironie.

— Il faut donc dévorer en silence toutes ces

horreurs, — se dit-elle dans un monologue mental. — Personne autour de moi pour me venger et répondre à l'insulte par le châtiment! voilà le sort des femmes isolées : la loi même ne les protége point, parce que la justice humaine ne nous accorde sa protection qu'au prix d'une scandaleuse publicité.

Elle sonna vivement et donna des ordres encore plus rigoureux pour défendre l'accès de sa maison à tout le monde, et surtout au comte de Gestain, et au vicomte de Saint-Marc.

Puis elle courut à l'appartement de madame de Villers, et, après un court entretien, les deux femmes prirent la résolution d'abandonner leur petite maison, que son isolement rendait trop dangereuse, et de se réfugier dans un quartier de Paris, au centre de la sécurité.

Le lendemain, Daniel et Albert, pleins de confiance dans le succès infaillible de leur lettre, arrivèrent à la grille du jardin de la marquise, et, à peine descendus de cheval, ils furent repoussés avec cette insolence qui annonce, sur une figure de portier, la colère invisible et impitoyable des maîtres d'une maison.

Désespoir.

XV.

Le doute n'était plus permis.

La marquise ne se servait plus de l'excuse banale de l'absence ou du voyage pour écarter les deux jeunes gens; elle ne les recevait pas, et ne donnait aucune raison pour motiver une inconvenance qui prenait les couleurs de l'hostilité.

Alors recommença entre les deux amis l'éternel échange de ce mot, inventé par l'interrogation obstinée devant une réponse muette : *Pourquoi?*

Il n'y a pas, dans le vocabulaire, un mot plus familier à la lèvre de l'homme. Notre vie est un long et insoluble *pourquoi?* le *parce que* n'arrivera qu'après la mort.

— Oh! mon Dieu! — dit Albert après un

long silence et en frappant son front, — il me semble que ma raison s'échappe de là, si rien ne la retient.

— Mon cher Albert, répondit Daniel, il y a deux vers fort sages, qui disent :

Le monde est plein de fous, et qui n'en veut pas voir
Doit rester dans sa chambre et briser son miroir.

je le crois bien, ma foi ! mais ce sont les femmes qui ont altéré la raison primitive dans les cerveaux humains ! nous naissons avec un vice originel.

Voilà bientôt six mille ans que les hommes répètent un éternel *pourquoi* à la porte des femmes, et il en faut moins pour mettre l'univers entier aux petites maisons à perpétuité.

— Comte Daniel, dit Albert, j'espère bien que vous aurez gardé un peu de votre sagesse pour diriger ma folie... Voyons, quel conseil me donnez-vous?

— Mon cher Albert, ma sagesse ne pourrait en ce moment te donner qu'un conseil fou....

— Donnez toujours, je le suivrai.

— Un conseil qui nous mène droit en prison...

— Cela vaut mieux que l'enfer où je suis.

— Eh bien ! nous allons revenir sur nos pas, sonner à la grille de la marquise, forcer le passage sous l'artillerie du portier, et entrer de vive force dans la grotte du Sphinx.

— Oh ! Daniel, jamais ! jamais !

— En ce cas, mon timide Albert, attendons résignés ce que le lendemain doit toujours donner à la veille. Notre vie est aux mains de quelqu'un qui est chargé de la faire pour nous lorsque nous ne savons la faire nous-même. Par curiosité, tenons-nous tranquilles et vivons pour voir ce qui va nous arriver, les imbéciles se tuent dans un désespoir amoureux, et ils se privent d'un grand bonheur, celui de voir comment leur amour aurait fini s'il ne s'étaient pas tués.

—Daniel, dit Albert, vous choisissez à merveille votre temps pour faire de la raillerie...

— Albert, mon ami, vous êtes un enfant.

J'ai mes principes en amitié; je n'en changerai pas tout exprès pour votre malheur. Si je m'amusais à chanter avec vous à l'unisson, en phrases noires, un duo de désespoir, vous sauteriez du haut de votre cheval dans la rivière, à la fin de notre duo. Mettez-vous en colère contre moi, je ne demande pas mieux : ce sera une excellente diversion au désespoir.

— C'est bien! c'est bien, Daniel! continuez, vous êtes un ami rare; vous savez rire quand on pleure à votre côté...

— Non, je sais faire autre chose, Albert, —

dit Daniel d'un ton sérieux, et je veux vous le prouver aujourd'hui.

En disant ces mots, le comte Daniel descencendait de cheval devant sa maison, et semblait, par son geste et son regard, promettre quelque chose de mystérieux et de consolant à son ami.

L'effet ne tarda pas de suivre cette promesse.

Révélation.

XVI.

Ce jour-là même, grâce aux pressantes sollicitations du comte, deux femmes se présentaient chez madame de Simian, et elles étaient introduites, car la sévère consigne d'interdiction ne regardait que les hommes.

La plus jeune de ces femmes avait cette grâce et cette beauté qui ravissent tous les sexes et tous les âges. La jeune veuve fit asseoir les deux inconnues, et fit le geste bienveillant qui invite à parler et à exposer l'objet d'une visite.

Alors une voix mélodieuse s'éleva dans le salon de madame de Simian, et dit : Madame la marquise, si mon nom n'est pas arrivé jusqu'à vous, je sais du moins que vous n'ignorez pas mon histoire. Je viens vous demander asile et protection.

— A moi, mademoiselle! dit madame de Simian; quel si grand danger vous menace? et que puis-je faire pour vous protéger, moi qui me plains si souvent d'être sans protection?... nous avons en France des magistrats...

— Oh! madame, interrompit la jeune fille, ceux qui persécutent une pauvre femme, savent bien qu'ils n'ont rien à craindre, presque toujours, de la justice humaine. La justice fait trop de bruit, et la pudeur s'épouvante de cette protection.

— Oui, mademoiselle, — dit la jeune veuve avec un soupir, — vous avez raison... continuez.

— On m'a dit, madame, que vous étiez bonne, juste et généreuse ; je le crois maintenant, parce que vous êtes belle et que votre âme rayonne sur votre visage ; aussi en vous voyant, je n'ai plus d'hésitation, et je vous demande la grâce de vivre auprès de vous et de ne plus quitter votre maison.

Cette prière faite avec des larmes et une voix angélique, par une jeune personne d'une merveilleuse beauté, attendrit madame de Simian. On eût dit qu'un ange du ciel venait demander asile contre un démon.

— Mademoiselle, — dit la marquise émue, — je ne vous connais pas, mais en vous voyant et en vous écoutant, il est impossible de ne pas vous aimer au premier abord. Je vous jure d'être votre amie et votre sœur. Ne craignez rien, vous êtes dans votre maison... Maintenant, je vous prie de me raconter votre histoire et de me dire par quelle heureuse indication j'ai gagné la faveur de vous recevoir.

— Madame, votre nom a été prononcé devant moi par le meilleur et le plus généreux des hommes, par le bienfaiteur de ma famille, par le noble comte de Gestain.

La marquise fit un mouvement brusque et réprima un cri sur ses lèvres.

— Cela vous fait de la peine peut-être, madame, dit la jeune fille; M. le comte de Gestain serait au désespoir s'il apprenait qu'il a commis une indiscrétion... Mon Dieu! que je suis à plaindre!... Vous voilà, madame, toute différente à mon égard... votre figure a pris une sévérité qui m'enlève l'espérance que votre douce voix m'avait donnée... il ne me reste plus que la mort...

La jeune fille se précipita aux pieds de la

marquise, et baigna ses genoux de larmes.

Madame de Simian qui, depuis sa récente aventure, ne voyait plus autour d'elle que des piéges sous toutes les formes, hésita longtemps avant de relever la jeune et désolée suppliante ; mais à la vue de cette douleur si naturelle et si vraie, elle rejeta bien loin sa méfiance, quoique bien légitime, et promit tout ce qu'on lui demandait.

— Madame la marquise, — dit alors l'autre femme, celle qui avait accompagné la jeune fille, — ne soyez pas étonnée si nous venons implorer votre aide et votre protection ; à qui pourrions-nous nous adresser ? presque tous les asiles nous sont interdits, il faut que la Providence nous ait indiqué une maison, recueillie comme la vôtre et habitée par deux femmes. Le comte de Gestain a été deux fois notre sauveur.

Le sourire qui commençait à poindre sur le visage de la marquise, comme un rayon sur un ciel d'orage, s'effaça une seconde fois.

— Madame, — dit-elle après un instant de silence, — connaissez-vous bien M. le comte de Gestain?

— Si je le connais, madame la marquise!

répondit l'étrangère en croisant ses mains d'étonnement à pareille question; — c'est le plus noble cœur qui soit au monde. Il nous a sauvé l'honneur et la vie.

— Et à quel prix ? demanda la jeune veuve.

— A quel prix ?... mais nous ne l'avons payé qu'avec notre reconnaissance. Nous sommes trop pauvres pour payer un bienfait. M. le comte de Gestain nous a, d'ailleurs, mises à notre aise de ce côté, car nous ne l'avons pas revu depuis sa bonne action...

Aujourd'hui seulement, longtemps après,

il est venu rue Beauregard pour nous rendre une simple visite de convenance, a-t-il dit..... Naturellement nous avons parlé de l'homme de la rue Saint-Lazare, de M. Salvien ; alors il a bien fallu raconter une histoire nouvelle inconnue de M. Gestain ; c'était notre devoir de ne rien lui laisser ignorer.... de tristes choses encore..... bien tristes !... vous méritez aussi, vous, madame, de tout savoir... Ma nièce, cette pauvre Hermance, pleure nuit et jour. M. Salvien s'acharne à nous accabler de visites, et les calomnies s'amassent autour de notre maison, à tel point que le propriétaire, abusé comme tout le monde, nous a signifié l'ordre de sortir en octobre prochain... quelle humiliation !... et il faut subir cela !

Oui, madame la marquise, il faut le subir ; parce que j'ai eu le malheur d'être l'obligée de M. Salvien, il y a dix ans ; parce que je lui dois une forte somme, et qu'il ne me ménage qu'à la condition que je ne le chasserai pas de chez moi... Avant-hier, j'ai dit à cet homme :

— Eh bien ! monsieur, notre propriétaire est encore un de ceux qui croient que ma nièce est votre maîtresse, et il nous donne congé !

— Diable ! a-t-il dit en riant, votre propriétaire ne plaisante pas sur le chapitre des mœurs, il vise au prix Monthyon, il veut donner à sa maison un parfum de couvent. La rue

Beauregard sera canonisée en masse au jubilé prochain.

— En attendant, m'écriai-je, il faut que nous sortions.

— Quant à moi, je ne demande pas mieux, — a-t-il ajouté toujours en riant, — je trouve la route une peu longue de la rue Saint-Lazare au boulevart Bonne-Nouvelle, quand je viens à pied pour éviter l'éclat... Voulez-vous un appartement rue de la Tour-des-Dames? je vais vous le retenir de ce pas. Nous serions voisins... Cela ne vous convient pas?... Eh bien! j'ai ma petite maison du bois de Boulogue... vous la connaissez... une maison isolée comme un ermitage.

A cette proposition, madame la marquise, j'ai fait un mouvement d'horreur.

Révélation.

(SUITE.)

XVII.

Un frisson subit et mystérieux agita madame de Simian, et d'une voix presque éteinte elle dit :

— Qu'y a-t-il donc, madame, de si affreux dans cette maison de M. Salvien? votre visage est devenu pâle...

— Et le vôtre aussi, madame la marquise, dit l'étrangère; mon émotion a passé dans votre âme... Un jour... il y a dix ans de cela... j'allais demander un service à M. Salvien... c'était pour moi un honnête homme alors... Son domestique, qui me portait beaucoup d'intérêt, m'indiqua cette petite maison, isolée sur la lisière du bois de Boulogne; c'était là que je devais trouver M. Salvien...

Pour la première fois, il me reçut avec une

grande froideur, refusa de me rendre le service que je venais lui demander et chassa le domestique... tout cela me parut fort suspect... et ce fut ce même domestique qui m'apprit ensuite que cette maison était une retraite de débauche !...

Voilà pourquoi, madame, j'ai répondu par un mouvement d'horreur involontaire à la proposition de M. Salvien.

Madame de Simian laissa retomber sa tête sur son sein et parut absorbée par une rêverie profonde.

Les deux femmes la regardaient avec une

attention singulière, et n'osaient interrompre le silence mystérieux qui régnait dans le salon.

— Répondez-moi sincèrement, madame,— dit la marquise, après une longue méditation, — M. Salvien vous a-t-il quelquefois parlé du comte de Gestain ?

— Jamais, madame la marquise.

— Jamais !... c'est bien étonnant, poursuivit la jeune veuve... bien étonnant !... M. le comte de Gestain a écrasé sous son pied

M. Salvien ; il a couvert de honte M. Salvien, chez vous, madame, je connais parfaitement cette histoire, et M. Salvien ne s'est jamais permis le moindre trait de vengeance, dans ses propos contre M. Daniel de Gestain?

— Oh! madame la marquise, nous pouvons vous affirmer, ma nièce et moi, que le nom de Gestain n'est jamais sorti de la bouche de M. Salvien.

— A force d'être prudent on est maladroit, dit la marquise, et cette réserve excessive de M. Salvien me paraît suspecte... Excusez-moi, madame... ce que je dis là est fort obscur pour vous... et n'est pas encore très-clair pour moi... mais j'entre dans un monde nouveau... et il me semble qu'un rayon providentiel m'illumine... oh ! ma tête brûle...

La jeune fille se leva vivement, effrayée de l'incompréhensible agitation de la marquise, et prenant ses mains dans les siennes, elle lui dit :

— Nous allons nous retirer, madame ; excusez-nous bien, si nous vous avons fait du mal sans le vouloir.

— Non, non, restez, mademoiselle, — dit

la marquise en essuyant avec son mouchoir la sueur de son front; — restez, madame... vous m'êtes plus nécessaires que jamais...

Et elle retomba dans une longue agitation.

Puis secouant la tête avec une vivacité charmante et regardant le ciel, elle dit :

— Nous avons bien encore une heure de jour, n'est-ce pas?... Je vais faire mettre les chevaux, et nous irons respirer un instant l'air de la campagne, avant dîner... en promenade, nous causerons encore de votre avenir, mademoiselle Hermance... Attendez-moi un instant ici, je vous présenterai à ma tante, madame de Villers.

Un quart d'heure après, madame de Simian reparut avec madame de Villers ; les quatre femmes montèrent en voiture, et le cocher, qui probablement avait reçu le mot d'ordre, dirigea ses chevaux vers le bois de Boulogne, par le parc d'Auteuil.

En route, la marquise parut fort gaie, et ne s'entretint que de choses étrangères au dernier entretien ; puis, au moment venu, elle dit d'un ton indifférent :

— Madame, sommes-nous bien éloignées de la petite maison suspecte dont vous me parliez tout-à-l'heure?... la petite maison de ce M. Salvien...

La femme de la rue Beauregard se leva dans la calèche, et après avoir examiné les localités, elle dit :

— C'est tout près d'ici.... Nous pouvons la voir de très-près en suivant cette allée du bois... Êtes-vous bien aise de voir cette maison, madame la marquise?

— Pourquoi pas? répondit madame de Simian; c'est un but de promenade comme un autre.....

Et elle ordonna au cocher de suivre l'indication de promenade qu'on allait lui donner.

Le double mariage.

XVIII.

La marquise sentait battre son cœur avec violence, à mesure qu'elle se rapprochait de cette maison; et, lorsque le doigt de sa conductrice la lui désigna, elle faillit perdre ses forces en reconnaissant les trois arbres grêles dont les cimes semblaient se pencher comme des têtes sur la haute muraille d'une cour intérieure.

— C'est bien là! dit-elle à madame de Villers, qui fit un signe de tête avec un frisson de souvenir.

En même temps, la porte du bois s'ouvrit; la marquise se voila de son ombrelle, et elle reconnut sur le perron la vieille geôlière, sa libératrice.

— Droit au Ranelagh, dit-elle au cocher; prenez l'allée de Passy et rentrez par Chaillot.

Tout ce que le cœur renferme de joie rayonna sur le visage de la marquise.

Daniel de Gestain et Albert de Saint-Marc étaient innocents. Une abominable machination avait été ourdie avec cette audace que donne l'enivrement de la richesse et de la passion.

Le coup partait de l'officine de l'hôtel Salvien.

Les sbires de ce financier avaient découvert ou cru découvrir le but des nombreuses visites que le comte de Gestain rendait à la marquise de Simian.

L'assiduité du jeune homme attestait un violent amour, et certaines informations avaient permis à Salvien de croire que cet amour était malheureux. Quelle admirable occasion à saisir pour se venger de la honteuse scène de la rue Beauregard ! Pour perdre à la fois Daniel de Gestain dans l'esprit de la marquise de Simian, la marquise dans l'esprit du jeune comte, la vieille geôlière de la petite maison du bois avait joué une comédie et récité une leçon. Aucune ombre de reconnaissance ne lui était due, à cette adroite complice de Salvien.

Que fallait-il faire maintenant? déposer une plainte et amuser le public d'une affaire scandaleuse dont il ne croirait que le faux?

Tout dévoiler à Daniel de Gestain, et susciter une vengeance particulière contre le coupable?

Aucun de ces partis n'était admissible ; le crime avait été d'ailleurs si ingénieusement combiné, qu'une belle et jeune femme ne pouvait le dévoiler en public ou en secret sans attirer sur elle d'odieuses et de révoltantes suppositions.

Ce qui restait à faire, madame de Simian le fit en rentrant ; elle révoqua les ordres sévères donnés à sa porte, et voulut que tout le monde fût introduit le lendemain.

— Même M. Mozeman ? demanda le portier.

— Je ne fais point d'exception, dit la marquise.

Et se retournant vers les deux femmes de la rue Beauregard, elle dit :

— « Demain, mademoiselle, vous sortirez de votre pauvre maison pour n'y plus rentrer. Je vais vous faire préparer un appartement chez moi. Ma voiture va vous conduire ce soir au boulevart Bonne-Nouvelle, et vous serez ma compagne demain et toujours.

Il n'y a pas de plus beau lendemain que celui qui a été précédé d'une veille triste. Lorsque les combinaisons heureuses arrivent, elles marchent aussi rapidement que les combinaisons fatales.

Le bonheur a aussi sa verve.

Cette fois, Daniel et Albert sonnèrent à la grille du cottage avec la résolution bien arrêtée de forcer la barrière et d'attendre dans le jardin un dénouement quelconque à leur intolérable position.

La grille leur fut ouverte, comme si on les eût attendus.

Les visages des domestiques étaient affables ; les meubles du salon semblaient sourire aux visiteurs.

Madame de Simian ne se fit point attendre.

Elle rayonnait dans toute la fraîcheur de sa toilette et de son teint, et, sans préambule oiseux, elle dit :

— Vous avez dû me trouver bizarre, messieurs ; oui, j'ai des manies étranges ; je veux éprouver le cœur de mes amis aux instants décisifs. Maintenant, je vous connais tous deux, et je suis contente... Dites-moi votre secret, comte de Géstain ; vous avez un acte de désespoir à commettre, et votre lettre m'a alarmée... Méditez-vous un suicide ?

— A peu près, madame.

— Je ne devine pas, comte Daniel.

— Je veux me marier; suis-je plus clair, maintenant?

— Ah! très-bien! comte Daniel.....Vous avez trouvé, sans doute, une héritière et un nom.

— J'ai trouvé une femme.

— Sans fortune?

— Moins que cela.

— Sans nom?

— Mieux que cela.

— C'est donc une femme accomplie, comte Daniel?

— Accomplie; même à côté de vous, madame.

— Voilà un acte de désespoir qui n'est pas dangereux.

—C'est toujours un mariage, madame, mais avec des circonstances atténuantes.

— Avez-vous beaucoup d'amour, comte Daniel?

— J'en suis encore à l'admiration.

— Inutile de vous demander si la femme vous aime?

— Elle ne sait pas que je dois l'épouser....

— Elle le saura aujourd'hui?

— Peut-être, madame.

— Je vous l'affirme, comte Daniel.

— Ah!

— Cela vous étonne, monsieur; vous allez voir... Et vous, vicomte de Saint-Marc, abandonnez-vous votre ami sur le bord du précipice ?

— Madame, je suis déjà au fond du gouffre, — dit Daniel d'une voix sombre, et j'attends, comme dit Shakspeare, *une petite main*, *little hand,* pour m'en tirer.

— Donnez-moi votre main, Saint-Marc, — dit la marquise avec une voix qui semblait un écho des voix du ciel..

Albert tomba aux pieds de madame de Simian, qui le fit relever tout de suite, à un bruit de pas dans l'allée du jardin.

La porte s'ouvrit, et un domestique introduisit les deux femmes de la rue Beauregard,

Dénouement.

XIX.

Madame de Simian courut à Hermance, et l'embrassant avec tendresse, elle dit :

— Voilà une noble mésalliance que vous allez contracter, monsieur de Gestain.... Nous allons causer de cela en famille... Vous voyez que j'abhorre les lenteurs; la vie est trop courte pour mettre en retard les belles heures... Laissez-nous, messieurs, parler de nos affaires entre femmes, cela ne marchera que mieux... Je ne vous demande que trois tours d'allée dans mon jardin, comte Daniel et vicomte de Saint-Marc.

Les deux amis se retirèrent, et quand ils furent rappelés au salon, les deux femmes de la rue Beauregard fondaient en larmes avec des figures radieuses de joie, et madame de Simian, émue jusqu'à l'exaltation, leur dit :

— Voilà, messieurs, la récompense des bonnes œuvres dans ce monde. Vous vous êtes levés à ma voix pour être utiles à vos semblables, et vous êtes arrivés au bonheur, ou du moins à ce qui lui ressemble. J'espère, messieurs, que vous ne vous arrêterez pas en si beau chemin, et que le mariage ne vous rendra point à l'oisiveté de votre célibat. Il y a encore beaucoup de jeunes filles à sauver du déshonneur, et beaucoup de prisonniers à rendre à leurs mères. On a trop accrédité le bruit que les bonnes actions portent malheur; cela n'est vrai qu'en apparence. Il y a eu certainement de mauvais jours, et même des périls sur votre route; mais l'extase pure du triomphe vous attendait à la fin.

Cette scène était la préparation du double mariage qui fut célébré huit jours après dans l'église de Passy. M. Mozeman arriva au dernier moment, et s'estima très-heureux de signer au contrat.

FIN.

TABLE DES MATIÈRES

DU DEUXIÈME VOLUME.

	Pages.
CHAP. I. Clichy.	7
— II. Hermance.	31
— III. Hermance (*suite*).	47
— IV. M. Mozeman.	63
— V. M. Mozeman (*suite*).	77
— VI. Entretien philosophique.	87
— VII. La récompense.	107
— VIII. L'Opéra.	119
— IX. La voiture de place.	133
— X. La prisonnière.	147
— XI. Une nuit horrible.	165
— XII. La géôlière.	179
— XIII. Délivrance.	191
— XIV. La porte fermée.	209
— XV. Désespoir.	221
— XVI. Révélation.	231
— XVII. Révélation (*suite*).	247
— XVIII. Le double mariage.	259
— XIX. Dénouement.	275

FIN DE LA TABLE DU DEUXIÈME ET DERNIER VOLUME.

Coulommiers. — Imprimerie de A. MOUSSIN.

NOUVEAUTÉS EN VENTE

MÉMOIRES DE NINON DE LENCLOS

PAR EUGÈNE DE MIRECOURT

BALZAC.

Le Provincial à Paris	2 vol.
La Femme de soixante ans	3 vol.
La Lune de miel	2 vol.
Petites Misères de la vie conjugale	3 vol.
Modeste Mignon	4 vol.

CLÉMENCE ROBERT.

Le Confesseur de la Reine	5 vol.
Les Mendiants de Paris	5 vol.
Le Tribunal secret	4 vol.
Le Pauvre Diable	2 vol.
Le Roi	2 vol.
William Shakspeare	2 vol.
Mandrin	4 vol.
Le Marquis de Pombal	4 vol.
La Duchesse d'York	4 vol.
Les Tombeaux de Saint-Denis	2 vol.
La Duchesse de Chevreuse	2 vol.

EMMANUEL GONZALÈS.

Mémoires d'un Ange	4 vol.
Les Frères de la Côte	2 vol.
Le Livre d'Amour	2 vol.

HENRY DE KOCK.

La Course aux Amours	3 vol.
Lorettes et Gentilshommes	3 vol.
Le Roi des Étudiants	2 vol.
La Reine des Grisettes	2 vol.
Les Amants de ma Maîtresse	2 vol.
Berthe l'Amoureuse	2 vol.

ÉLIE BERTHET.

Le Nid de Cigogne	3 vol.
Le Braconnier	2 vol.
La Mine d'or	2 vol.
Richard le Fauconnier	2 vol.
Le Pacte de Famine	2 vol.

ROLAND BAUCHERY.

Les Bohémiens de Paris	2 vol.
La Femme de l'Ouvrier	2 vol.

Mme CHARLES REYBAUD.

Thérésa	2 vol.

PIERRE ZACCONE.

Les Plaisirs du Roi	2 vol.
Les Mystères du vieux Paris	5 vol.
Le Dernier Rendez-Vous	2 vol.

MÉRY.

Une Histoire de Famille	2 vol.
Le Transporté	2 vol.
Un Mariage de Paris	2 vol.
La Veuve inconsolable	2 vol.
Une Conspiration au Louvre	2 vol.
La Floride	2 vol.

PAUL FÉVAL.

La Femme du Banquier	4 vol.
Le Mendiant noir	5 vol.
La Haine dans le Mariage	2 vol.

MOLÉ-GENTILHOMME.

Les Demoiselles de Nesle	3 vol.
Le Château de Saint-James	4 vol.
Marie d'Anjou	2 vol.
La Marquise d'Alpujar	4 vol.
Le Rêve d'une Mariée	2 vol.

AMÉDÉE ACHARD.

Roche-Blanche	2 vol.
Belle Rose	5 vol.
La Chasse royale	4 vol.

MICHEL MASSON.

Les Enfants de l'Atelier	4 vol.
Le Capitaine des trois Couronnes	4 vol.
Les Incendiaires	4 vol.

SAINTINE.

La Vierge de Fribourg	4 vol.

LÉON GOZLAN.

La Dernière Sœur grise	4 vol.

P.-L. JACOB.

Mémoires de Roquelaure	7 vol.

ROGER DE BEAUVOIR.

L'Abbé de Choisy	5 vol.
Mémoires de Mlle Mars	2 vol.

EUGÈNE DE MIRECOURT.

Madame de Tencin	2 vol.
La Famille d'Arthenay	2 vol.

SAINT-MAURICE.

L'Élève de Saint-Cyr	2 vol.

PARIS. — IMPRIMERIE SIMON RAÇON ET Cie, RUE D'ERFURTH, 1

www.ingramcontent.com/pod-product-compliance
Lightning Source LLC
Chambersburg PA
CBHW050630170426
43200CB00008B/961